Alfred Mühlegg

Lerngebiet **Arbeitssicherheit und Umweltschutz**

Baustein 11 der Lehr- und Arbeitsbücher Fachstufe
für die Berufe der Druckindustrie

Verlag Beruf + Schule

*Lernziele* und Lerninhalte

**1 Arbeitssicherheit und Umweltschutz**

*1.1 Gefährdung von Sicherheit und Gesundheit am Arbeitsplatz feststellen und Maßnahmen zu ihrer Vermeidung ergreifen können*
Gesundheitsgefahren am Arbeitsplatz   Seite 3

*1.2 Berufsbezogene Arbeitsschutz- und Unfallverhütungsvorschriften anwenden können*
Arbeitsschutzvorschriften, Unfallverhütungsvorschriften   Seite 9

*1.3 Verhaltensweisen bei Unfällen beschreiben und Maßnahmen zur ersten Hilfe einleiten können*
Arbeitsunfälle, Erste-Hilfe-Maßnahmen   Seite 13

*1.4 Maßnahmen des vorbeugenden Brandschutzes anwenden können*
Brandschutzmaßnahmen, Brandbekämpfung   Seite 19

*1.5 Umweltbelastungen durch den Ausbildungsbetrieb erklären können*
Umweltschutz im Betrieb   Seite 23

*1.6 Möglichkeiten der wirtschaftlichen und umweltschonenden Energie- und Materialverwendung nutzen*
Energiesparmaßnahmen   Seite 27

*1.7 Abfälle vermeiden; Stoffe und Materialien einer umweltfreundlichen Entsorgung zuführen*
Abfallvermeidung, Recycling   Seite 31

Alle Informationen in diesem Heft wurden sorgfältig geprüft.
Weder Autor, Herausgeber oder Verlag können für möglicherweise fehlerhafte Angaben und deren Folgen haftbar gemacht werden.
Für Verbesserungsvorschläge sind Autor, Herausgeber und Verlag dankbar.

**Herausgeber: Roland Golpon, Itzehoe**

Alle Rechte vorbehalten
© 2001 by Verlag Beruf+Schule, Postfach 2008, D-25510 Itzehoe
Druck: Druckhaus „Thomas Müntzer" GmbH, D-99947 Bad Langensalza

**ISBN 3-88013-611-4**

# Gesundheitsgefahren am Arbeitsplatz, Ergonomie 3

Nach einer neuen Definiton versteht man unter Arbeitsschutz:
– Unfallverhütung
– Verhütung arbeitsbedingter Gesundheitsgefahren
– menschengerechte Gestaltung der Arbeit (Ergonomie).

In den Betrieben der Druck- und Medientechnik sind unterschiedliche Unfallgefahren vorzufinden, wobei der Schwerpunkt der Unfallgefahren an laufenden Maschinen liegt. Dies lässt sich mit einer Statistik der Berufsgenossenschaft Druck und Papierverarbeitung über Arbeitsunfälle belegen: Auf 1000 Versicherte kommen in der Druckvorstufe 7,1 Arbeitsunfälle/Jahr, während es im Bereich des Drucks und der Weiterverarbeitung 34,9 Arbeitsunfälle/Jahr sind und bei den Wellpappenbetrieben gar 108,9 Arbeitsunfälle/Jahr (Zahlen von 1995).

**Übersicht über mögliche Arbeitsunfälle**

| | | |
|---|---|---|
| **A 1** Stromverletzungen durch unsachgemäßen Umgang mit elektrischen Geräten | **A 2** Verbrennungen durch Kombination statischer Aufladung und Lösemitteln | **A 3** Verletzungen durch kippende Stühle |
| **B 1** Verbrennungen durch Brände von Löse-, Reinigungs- und Produktionsmitteln | **B 2** Quetschungen durch Einziehen zwischen rotierende Maschinenteile | **B 3** Quetschungen durch flächigen Druck in Maschinen |
| **C 1** Wegeunfälle auf dem Weg zur und von der Arbeit | **C 2** Fußverletzungen durch Stolpern oder Umknicken wegen ungeeigneter Schuhe | **C 3** Schnitt- oder Stichverletzungen durch unsachgemäßen Umgang mit Werkzeugen |

A = Druckvorstufe, Medientechnik
B = Druck und Weiterverarbeitung
C = Alle Tätigkeiten in der Druck- und Medientechnik

Zu **A 1**: Bei Dunkelkammerarbeiten kann es zu Stromschlägen führen, wenn der Föhn mit nassen Händen in Betrieb gesetzt wird.
Zu **A 2**: Wenn Montagefolien gereinigt werden, darf dies nicht mit Spiritus erfolgen, sondern mit speziellem Filmreiniger, der einen höheren Flammpunkt hat und außerdem antistatische Eigenschaften aufweist. Spiritus hat einen Flammpunkt von 12 °C, das heißt dass sich bereits bei Raumtemperatur entzündbare Dämpfe bilden. Je höher der Flammpunkt liegt, umso unwahrscheinlicher ist eine Selbstentzündung der Flüssigkeit. Heizöl hat z. B. einen Flammpunkt von 55 °C, muss also auf diese Temperatur gebracht werden, um zu brennen.
Zu **A 3**: Die Stuhlhöhe muss verstellbar sein, die Rückenlehne sollte verstellbar sein und der Stuhl 5 Rollen aufweisen.
Zu **B 1**: Gebrauchte Putzlappen müssen in geschlossenen Behältern aufbewahrt werden.
Zu **C 2**: Vor allem in Räumen, in denen schwere Gegenstände zu Boden fallen können, sind Sicherheitsschuhe zu empfehlen. Sandalen und hochhackige Schuhe haben im Maschinensaal nichts verloren.

Es gibt noch weitere Unfallgefahren, die durch Leichtsinn oder Unachtsamkeit entstehen. Bei den Unfallmeldungen an die Berufsgenossenschaft finden sich Stilblüten, die Heiterkeit erwecken können – jedoch nicht für die Betroffenen. Eine kleine Auswahl an wahren Arbeitsunfällen mag dies verdeutlichen:
– Fräulein H. rauchte auf dem Weg zur Arbeit wie üblich morgens ihre Zigarette. Nach dem Anzünden muss sie sich noch nicht ganz ausgeschlafen gefühlt haben, denn sie steckte während des Rauchens

die Zigarette plötzlich verkehrt rum, also mit der Glut in den Mund und verbrannte sich Ober- und Unterlippe.
- Beim Suchen nach einem Kollegen hat sich B. im Laufen umgedreht und ist dabei in eine halb offenstehende Tür gerannt. Eine Stirnplatzwunde war die Folge.
- F. arbeitet allein in einem Raum. Er wollte das Fenster schließen, rutschte dabei aus und ist mit dem Kinn aufgeschlagen. Er blieb über eine Stunde bewusstlos liegen, kam dann aber durch die frische Luft wieder zu sich.
- Staplerfahrer R. war mit Aufräumungsarbeiten im Keller beschäftigt, als plötzlich eine Maus seinen Weg kreuzte. Er erschrak so, dass er fluchtartig den Keller verließ und sich dabei den Kopf an einem Heizungsrohr stieß. Er war für kurze Zeit ohnmächtig.

**Mögliche arbeitsbedingte Gesundheitsgefahren**
Ein Blick in die Statistik der Berufsgenossenschaft zeigt eine Reihe von Berufskrankheiten, also Krankheiten, welche durch langfristige Belastung am Arbeitsplatz entstehen. Die häufigsten Berufskrankheiten im Bereich Druckindustrie sind:
- Hauterkrankungen
- Lärmschwerhörigkeit (ab 60 dB (A) Lautstärke können physische Belastungen auftreten)
- Erkrankungen der Lendenwirbelsäule
- Atemwegserkrankungen durch toxisch wirkende Stoffe
- Erkrankungen durch Halogenkohlenwasserstoffe
- Erkrankungen der Sehnenscheiden

Eine Möglichkeit, Arbeitsunfälle und Berufskrankheiten zu vermeiden, besteht in der konsequenten Anwendung der **Ergonomie**. Die Ergonomie befasst sich mit dem Zusammenwirken von Mensch und Arbeit und hat das Ziel der menschengerechen Arbeitsplatzgestaltung. Einige Punkte, mit denen sich die Ergonomie in der Druckindustrie befasst:
- Heben, Tragen und Umsetzen von Lasten
- Sitzen und Stehen bei der Arbeit
- Arbeitshöhe und Abmessungen des Arbeitsplatzes
- Psychische Belastungen
- Beleuchtung und Klima am Arbeitsplatz
- Anpassung des Bildschirm-Arbeitsplatzes an den Menschen
- Farbe am Arbeitsplatz

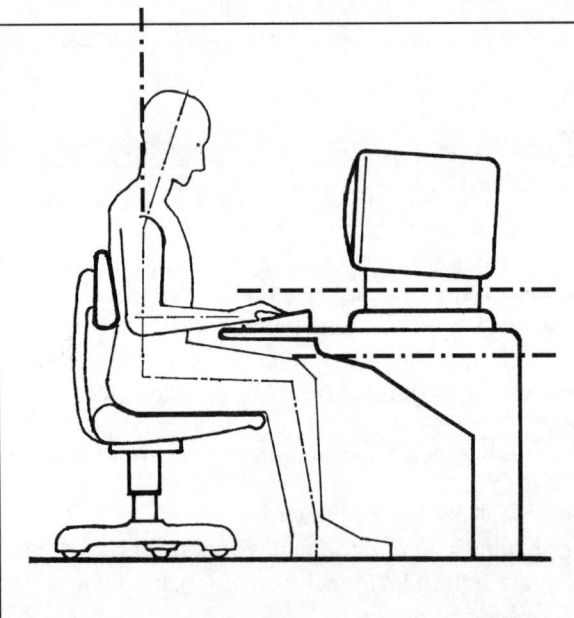

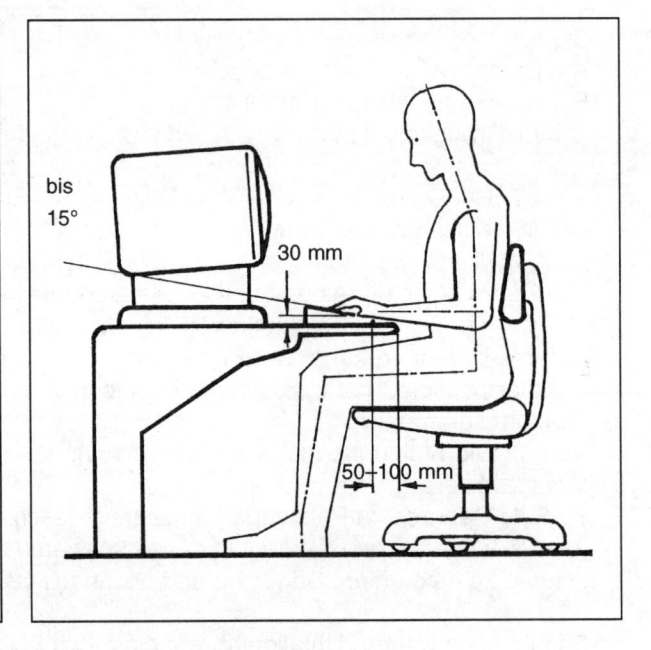

Richtiges Sitzen bei fester Arbeitshöhe
(Oberarm senkrecht, Unterarm waagerecht, Oberschenkel waagerecht, bei kleineren Personen evtl. Fußstütze).

Anordnung der Tastatur
(Neigung des Tastenfelds bis 15°, Freiraum für Auflage der Hände ca. 50 bis 100 mm).

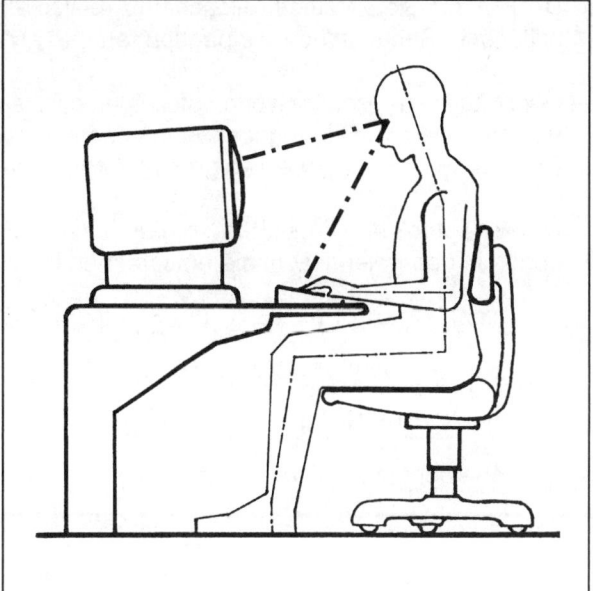

Einstellung der Bildschirmhöhe
(Augenhöhe maximal obere Monitorzeile, optimales Blickfeld ab 20° bis 50° von der Horizontalen nach unten).

Sehabstand zum Monitor, zur Tastatur und zum Manuskripthalter jeweils ca. 500 mm oder etwas mehr.

In der Druckvorstufe und Medientechnik ist größten Wert auf ergonomische Gestaltung des Bildschirm-Arbeitsplatzes und dessen Umgebung zu legen. Da Jugendliche häufig auch außerhalb der Arbeitszeit am Computer sitzen, z. B. beim Surfen durch das Internet, kann dies zu einer Reihe von Gesundheitsbelastungen führen. Vorbeugend sollte für ausreichende Bewegung, z. B. Gymnastik, gesorgt werden. Für die Augen ist es gut, ab und zu aus dem Fenster zu schauen oder wenigstens weit entfernte Flächen zu fixieren, und seien es nur Wand und Decke. Arbeitsmedizinische Untersuchungen ergaben eine Vielzahl von möglichen Gefährdungen:
– Durchblutungsstörungen und Langzeitschäden im Bereich der Wirbelsäule durch ungeeigneten Stuhl oder falsche Einstellung des Stuhls.
– Schulterschmerzen, übermäßige Beanspruchung der Armmuskulatur und Wirbelsäulenschäden durch falsche Höhe des Monitors und der Tastatur.
– Rücken-, Nacken- und Verspannungsschmerzen durch falsche Einstellung der Bildschirmhöhe.
– Augenbrennen durch ungenügenden Abstand zum Monitor.
– Ermüdung, Augenrötung und Tränenreiz durch Spiegelung der Fenster oder Leuchtröhren im Monitor.
– Beeinträchtigung durch das elektrostatische Feld des Monitors bei niedriger Luftfeuchtigkeit.
– Elektromagnetisches Feld und die Röntgenstrahlung des Monitors werden nur dann als gefährlich eingestuft, wenn die Mindest-Strahlenschutzbestimmungen (z. B. MPR II) nicht eingehalten werden.
– Schmerzen im Handgelenk bei zu hoch liegender Tastatur.
– RSI-Syndrom (engl. Repetitive Strain Injury = Schaden durch wiederholte Anspannung) durch einseitige Dauerbelastung.
– Hustenreiz, Kopfschmerzen und Augenbrennen durch das beim Kopiervorgang entstehende Ozon in Laserdruckern und Kopierern in kleinen und schlecht belüfteten Räumen.
– Eventuell Hautschäden durch oftmaligen Kontakt mit Tonerstaub beim Kassettenwechsel. Eine krebserzeugende Wirkung von Tonerstaub ist im Tierversuch nachgewiesen.
– Eventuell Handgelenksveränderungen (Carpal-Tunell-Syndrom) wegen Dauerbelastung durch die Arbeit mit der Maus.

Ü 1 ■ Gehen Sie aufmerksam durch Ihren Ausbildungsbetrieb und stellen fest, ob für Sie und Ihre Kollegen/Kolleginnen Unfallgefahren bestehen. Falls dies zutrifft, sollten Sie umgehend Ihren Vorgesetzten informieren.

Ü 2 ■ Informieren Sie sich, ob in Ihrem Ausbildungsbetrieb schon Berufskrankheiten aufgetreten sind und ob diese hätten verhindert werden können.

Ü 3 ■ Falls Sie an einem Bildschirm-Arbeitsplatz tätig sind, sollten Sie alle Empfehlungen bezüglich Arbeitshöhe, Sehabstand usw. nachprüfen und auf Ihre Gegebenheiten optimal einstellen.

Ü 4 ■ Zu kleine Monitorflächen stellen eine Belastung für das Bedienungspersonal dar (sinnvoll sind mindestens 17 Zoll). Die angegebene Bildschirmdiagonale entspricht meistens nicht der wirklichen Ansicht. Ermitteln Sie an einem beliebigem Monitor beide Werte in Zoll (1 Zoll = 25,4 mm).

Ü 5 ■ Nachfolgend finden Sie Vorgaben der Berufsgenossenschaft zur Ergonomie. Tragen Sie rechts daneben in den freien Raum die entsprechenden Parameter Ihres Ausbildungsbetriebs ein.

Raumtemperatur 21 bis 22 °C (im Sommer bis 26 °C)

Relative Luftfeuchtigkeit 50 bis 65 %

Drehstühle mit 5 Rollen

Sitzhöhe der Drehstühle zwischen 420 und 550 mm

Beinraumbreite bei Schreibtischen mindestens 580 mm

Beinraumtiefe bei Schreibtischen 120 mm, über dem Fußboden mind. 600 mm

Verstellbare Schreibtische zwischen 650 bis 750 mm Höhe

Feste Schreibtische zwischen 720 und 750 mm Höhe

Tastaturhöhe mittlere Buchstabenreihe maximal 30 mm

Arbeitsplatzbeleuchtung zwischen 600 und 1200 Lux

Ü 6 ■ Der Zeichner der vorstehenden Illustrationen hat keinen Wert auf ergonomische Feinheiten gelegt. Nennen Sie zu jeder Zeichnung die Fehler.

Linke Abbildung:

Mittlere Abbildung:

Rechte Abbildung:

1. Was versteht man unter dem Begriff Ergonomie?

...................................................................................................................................................

2. Wie kann verhindert werden, dass es beim Reinigen von Filmen und Folien zu Selbstentzündung kommt?

...................................................................................................................................................

...................................................................................................................................................

3. Wohin gehören gebrauchte, mit Walzenwaschmittel getränkte Putzlappen?
○ In offene Metallbehälter, die im Freien unter einem Vordach stehen, damit Dämpfe entweichen können
○ In geschlossene Behälter
○ In große Kunststoffsäcke, die gefüllt der Müllverbrennung zugeführt werden

4. Warn- und Verbotszeichen müssen ohne zusätzliche Texterläuterungen auf Anhieb erkennbar sein. Was bedeuten die nachfolgenden Warnzeichen und Verbotszeichen?

a)    b)    c)    d)    e)

f)    g)    h)    i)    j)

a) ...................................................................................................................................................
b) ...................................................................................................................................................
c) ...................................................................................................................................................
d) ...................................................................................................................................................
e) ...................................................................................................................................................
f) ...................................................................................................................................................
g) ...................................................................................................................................................
h) ...................................................................................................................................................
i) ...................................................................................................................................................
j) ...................................................................................................................................................

5. Kreuzen Sie an, welche Eigenschaften auf das Rettungszeichen „Notausgang" zutreffen? Pro Zeile ist eine Antwort richtig.
○ Rechteckig                    ○ Rund                          ○ Dreieckig
○ Gelber Untergrund             ○ Blauer Untergrund             ○ Grüner Untergrund
○ Wellenlinie mit Pfeilende     ○ Gerade Linie mit Pfeilende    ○ Punktierte Linie mit Pfeilende
○ Piktogramm fliehende Person   ○ Piktogramm stehende Person    ○ Piktogramm liegende Person

6. Worin besteht der Unterschied zwischen Arbeitsunfall und Berufskrankheit?

...................................................................................................................................................

...................................................................................................................................................

7. In welcher Haltung kann eine Last gehoben werden, ohne die Bandscheiben übermäßig zu belasten?

○    ○    ○

8. Lösemittel entfetten die Haut und zerstören somit die schützende Funktion gegen Fremdstoffe. Da aber nicht bei jedem Umgang mit Lösemitteln Schutzhandschuhe getragen werden können, muss die Haut auf andere Art geschützt werden. Nennen Sie die verschiedenen Möglichkeiten.

a) Vor Beginn der Arbeit

b) Nach der Arbeit

c) Zum Abschluss

9. Welche Aussagen zum Lärm am Arbeitsplatz treffen zu?
○ Die Belastung durch lärmerzeugende Maschinenteile kann durch Lärmschutzkapseln gemildert werden
○ Schon durch eine Lautstärke von 40 dB (A) können körperliche Belastungen auftreten
○ In Lärmbereichen ist Gehörschutz zu tragen
○ Die Verwendung eines Walkmans in Lärmbereichen schützt vor Gehörschäden
○ Schon durch eine Lautstärke von 60 dB (A) können körperliche Belastungen auftreten
○ In Bereichen, die mit einem blauen Schild „Gehörschutz" gekennzeichnet sind, darf Gehörschutz getragen werden

10. Kreuzen Sie die zutreffenden Antworten über Bildschirmarbeitsplätze an.
○ Das optimale Blickfeld eines Monitors liegt zwischen 20 und maximal 50 Grad von der Horizontalen nach unten
○ Der Sehabstand zum Monitor sollte bei maximal 450 mm liegen
○ Der Sehabstand zum Monitor sollte bei mindestens 500 mm liegen
○ Die Tastatur darf eine Neigung bis 15 Grad aufweisen
○ Die Tastatur sollte keine Neigung aufweisen
○ Mitarbeiter mit kleiner Körpergröße benötigen in der Regel eine Fußstütze
○ Mitarbeiter mit großer Körpergröße benötigen in der Regel eine Fußstütze

11. In welchen Fällen ist die Kennzeichnung von brennbaren Flüssigkeiten durch das nachfolgende Schild vorgeschrieben?

○ Alle brennbaren Flüssigkeiten müssen durch dieses Schild gekennzeichnet werden
○ Brennbare Flüssigkeiten mit einem Flammpunkt unter 21 °C müssen damit gekennzeichnet werden
○ Brennbare Flüssigkeiten mit einem Flammpunkt über 55 °C müssen damit gekennzeichnet werden

12. Wie kann man sich vor gesundheitlichen Schäden beim Ansetzen von Entwicklerlösungen schützen?

# Arbeitsschutzvorschriften, Unfallverhütungsvorschriften

Wie im Alltag Rechte und Pflichten und der mitmenschliche Umgang teilweise gesetzlich geregelt sind, gibt es auch für die Sicherheit am Arbeitsplatz Rechtsgrundlagen (die Aufstellung erhebt keinen Anspruch auf Vollständigkeit):

| Allgemeine Gesetze und Vorschriften | Gesetze und Vorschriften für bestimmte Zielgruppen | Branchenbezogene Gesetze und Vorschriften |
|---|---|---|
| Arbeitsschutzgesetz<br>Arbeitsstättenverordnung<br>Betriebsverfassungsgesetz<br>Bürgerliches Gesetzbuch<br>Gerätesicherheitsgesetz<br>Gewerbeordnung<br>Reichsversicherungsordnung | Jugendarbeitsschutzgesetz<br>Mutterschutzgesetz<br>Schwerbehindertengesetz | DIN-Vorschriften<br>Gefahrstoffverordnung<br>Unfallverhütungsvorschriften |

Die Unfallverhütungsvorschriften müssen im Betrieb an geeigneter Stelle ausgelegt werden. In jedem Betriebsteil muss an zugänglicher Stelle ein Schild ausgehängt werden, auf dem die Zugehörigkeit und Anschrift der Berufsgenossenschaft vermerkt ist.

**Beispiele für Inhalte der Gesetze und Vorschriften:**
- Arbeitsschutzgesetz: Verpflichtung des Arbeitgebers, Gefährdungen am Arbeitsplatz festzustellen und Schutzmaßnahmen festzulegen. Verpflichtung der Arbeitnehmer, für die eigene Sicherheit und Gesundheit Sorge zu tragen und die Schutzvorrichtungen bestimmungsgemäß zu verwenden. Verpflichtung, Sicherheitsbeauftragte zu benennen.
- Arbeitsstättenverordnung: Verpflichtung des Arbeitgebers, bei der Einrichtung von Arbeitsstätten ergonomische Erkenntnisse zu berücksichtigen.
- Betriebsverfassungsgesetz: Mitbestimmungsrecht des Betriebsrats bei Fragen der Unfallverhütung.
- Bürgerliches Gesetzbuch: Schutz des Beschäftigten gegen Gefahren für Leben und Gesundheit.
- Gerätesicherheitsgesetz: Verpflichtung der Hersteller, nur solche technischen Arbeitsmittel in den Verkehr zu bringen, die den Unfallverhütungsvorschriften entsprechen.
- Gewerbeordnung: Verpflichtung des Gewerbeunternehmers, für einen ungefährlichen Arbeitsablauf zu sorgen.
- Reichsversicherungsverordnung: Aufgaben der Berufsgenossenschaften.
- Jugendarbeitsschutzgesetz: Jugendliche dürfen höchstens 8 Stunden am Tag und 40 Stunden in der Woche beschäftigt werden.
- Mutterschutzgesetz: Besonderer Kündigungsschutz.
- Schwerbehindertengesetz: Verpflichtung des Arbeitgebers, bei Beschäftigung von Schwerbehinderten diesen einen angemessenen Arbeitsplatz zur Verfügung zur stellen.
- DIN-Vorschriften: Ergonomische Gestaltung von Büroarbeitsplätzen.
- Gefahrstoffverordnung: Umgang mit Lösungsmitteln.
- Unfallverhütungsvorschriften: Druck und Papierverarbeitung, Sicherheits- und Gesundheitsschutzkennzeichnung am Arbeitsplatz.

Bei Verstößen gegen diese Gesetze und Vorschriften können Bußgelder oder Regressnahmen verhängt werden.

**Mit dem Arbeitsschutz betraute Personen** können sein (je nach Betriebsgröße):
- Unternehmer
- Betriebsrat
- Betriebsarzt
- Sicherheitsfachkraft
- Sicherheitsbeauftragte

*Betriebsärzte* müssen ihre Fachkenntnis nachgewiesen haben. Sie sind stundenweise im Betrieb eingesetzt und unterstützen den Unternehmer in Fragen der Arbeitssicherheit aus medizinischer Sicht. Außerdem untersuchen und beraten sie die Arbeitnehmer.

*Sicherheitsfachkräfte* (Sicherheitsingenieure, Sicherheitstechniker, Sicherheitsmeister) können mehrere Unternehmer in Fragen der Arbeitssicherheit unterstützen und beraten.

*Sicherheitsbeauftragte* sind Betriebsangehörige (nach Möglichkeit keine Vorgesetzten); sie unterstützen den Unternehmer bei der Durchsetzung des Unfallschutzes.

Laut Gefahrstoffverordnung müssen die Hersteller und Lieferanten von chemischen Produkten Unterlagen, meist in Form von Sicherheitsdatenblättern, zur Verfügung stellen. Diese Sicherheitsdatenblätter müssen im Betrieb an geeigneter Stelle zugänglich sein. Jedes mehrseitige Sicherheitsdatenblatt umfasst 16 Rubriken, beginnend bei „1. Stoff-/Zubereitungs- und Firmenbezeichnung".

Seite 1 und Seite 3 eines Sicherheitsdatenblatts über Walzenwaschmittel.

---

Ü 1 ■ Tragen Sie nachfolgend den Namen sowie die Anschrift der Betriebsärztin/des Betriebsarztes Ihres Ausbildungsbetriebes ein. Gegebenenfalls informieren Sie sich bei Ihren Vorgesetzten.

Betriebsarzt:

..........................................................................................................................................

..........................................................................................................................................

Ü 2 ■ Informieren Sie sich, ob in Ihrem Ausbildungsbetrieb eine Sicherheitsfachkraft bestellt wurde. Falls dies zutrifft, tragen Sie Namen und Anschrift der Sicherheitsfachkraft ein.

Sicherheitsfachkraft:

..........................................................................................................................................

..........................................................................................................................................

Ü 3 ■ Tragen Sie nachfolgend die Namen der eingesetzten Ersthelfer und Sicherheitsbeauftragten Ihres Ausbildungsbetriebes ein.

Ersthelfer:

..........................................................................................................................................

Sicherheitsbeauftragte:

..........................................................................................................................................

Ü 4 ■ Ermitteln Sie anhand der nachfolgenden Tabellen die erforderliche Zahl von Ersthelfern bzw. Sicherheitsbeauftragten in Ihrem Ausbildungsbetrieb.

Zahl der Ersthelfer:
Bis zu 20 anwesende Versicherte ein Ersthelfer,
bei mehr als 20 anwesenden Versicherten 10 % der Versicherten.

Zahl der Sicherheitsbeauftragten im Bereich der Berufsgenossenschaft Druck und Papierverarbeitung:
Bei mehr als 20 Beschäftigten 1 Sicherheitsbeauftragter,
bei mehr als 100 Beschäftigten mindestens 2 Sicherheitsbeauftragte,
bei mehr als 300 Beschäftigten mindestens 3 Sicherheitsbeauftragte.

Zahl der Ersthelfer:

Gegebenenfalls Zahl der Sicherheitsbeauftragten:

Ü 5 ■ Nachfolgend finden Sie eine tabellarische Aufstellung mit den Vorgaben für die jährliche Einsatzzeit eines Betriebsarztes in einem Betrieb. Ermitteln Sie die jährliche Einsatzzeit in Ihrem Ausbildungsbetrieb.
Berechnungsbeispiel:
Basiseinsatzzeit (Stunden) + Zuschlag für Schichtarbeit (Stunden) x Anzahl der Arbeitnehmer
= Stunden Einsatzzeit pro Jahr.

| Gefährdungspotenzial (ohne Schichtarbeit) | Bei einer Zahl der jahresdurchschnittlich im Betrieb beschäftigten Arbeitnehmer | Basiseinsatzzeit der Betriebsärzte (pro Jahr je jahresdurchschnittlich beschäftigte Arbeitnehmer) |
|---|---|---|
| Gruppe 1 (niedrige Gefährdung) | 1 und mehr | 0,3 Stunden |
| Gruppe 2 (mittlere Gefährdung) | 1 und mehr | 0,5 Stunden |
| Gruppe 3 (hohe Gefährdung) | 1 und mehr | 0,7 Stunden |
| Gruppe 4 (sehr hohe Gefährdung) | 1 und mehr | 0,9 Stunden |
| Zuschläge für Schichtarbeit: | | |
| Normalschicht | | 0,0 Stunden/Jahr je Arbeitnehmer |
| Wechselschicht (2-Schicht) | | 0,1 Stunden/Jahr je Arbeitnehmer |
| Wechselschicht (3-Schicht) | | 0,2 Stunden/Jahr je Arbeitnehmer |

Beispiele für Tätigkeiten und Berufe:
Gruppe 1: Verwaltung, Designer, Druckformherstellung, Reproduktion, Satz, Montage, Redakteure
Gruppe 2: Siebdruck, Druckveredelung, Fertigmachen von Druckprodukten
Gruppe 3: Offset-, Flexo-, Tiefdruck, Endlosdruck, Gabelstaplerfahrer, Briefumschlägeherstellung
Gruppe 4: Papierherstellung, Wellpappenherstellung, Weiterverarbeitung von Wellpappe

|   | Basiseinsatzzeit | Stunden |
|---|---|---|
| + | Zuschlag für Schichtarbeit | Stunden |
| = | Summe je Arbeitnehmer | Stunden |
| x | Anzahl der Arbeitnehmer | |
| = | Einsatzzeit pro Jahr | Stunden |

Ü 6 ■ Die EG-Sicherheitsdatenblätter sollen an zentraler Stelle griffbereit aufbewahrt werden und bei Unfällen mit dem Gefahrstoff dem behandelnden Arzt übergeben werden. Ermitteln Sie, wo in Ihrem Ausbildungsbetrieb bzw. Ihrer Berufsschule die EG-Sicherheitsdatenblätter aufbewahrt sind und welche Gefahrstoffe erfasst sind.

Aufbewahrungsort der Sicherheitsdatenblätter:

Erfasste Gefahrstoffe:

1. Welcher Berufsgenossenschaft sind Betriebe der Medientechnik und der Druckindustrie zugeordnet? Wo hat diese Berufsgenossenschaft ihren Sitz?

..........................................................................................................................................................................

..........................................................................................................................................................................

2. Nennen Sie außer der Arbeitszeit noch 2 weitere Regelungen, die im Jugendarbeitsschutzgesetz verankert sind.

..........................................................................................................................................................................

..........................................................................................................................................................................

3. Nennen Sie 4 Rubriken (Überschriften) aus dem EG-Sicherheitsdatenblatt.

..........................................................................................................................................................................

..........................................................................................................................................................................

..........................................................................................................................................................................

..........................................................................................................................................................................

4. Kreuzen Sie an, welche Gesetze und Vorschriften für die Sicherheit am Arbeitsplatz von Bedeutung sind.
   ○ Gefahrstoffverordnung
   ○ Urheberrechtsgesetz
   ○ Unfallverhütungsvorschriften
   ○ Gerätesicherheitsgesetz
   ○ Jugendschutzgesetz
   ○ Betriebsverfassungsgesetz
   ○ Arbeitsstättenverordnung
   ○ Gehaltstarifvertrag

5. Welche mit dem Arbeitsschutz betraute Personen sind auf jeden Fall Betriebsangehörige?
   ○ Sicherheitsfachkraft
   ○ Betriebsarzt
   ○ Sicherheitsbeauftragte
   ○ Betriebsrat

6. In der Gefahrstoffverordnung ist festgehalten, dass Betriebe, die Lösemittel und andere chemische Produkte einsetzen, eine Betriebsanweisung zu erstellen haben. Kreuzen Sie an, welche Rubriken diese Betriebsanweisung enthalten muss.
   ○ Gefahrstoffbezeichnung
   ○ Unfallversicherungsnummer des Betriebes
   ○ Gefahren für Mensch und Umwelt
   ○ Schutzmaßnahmen und Verhaltensregeln
   ○ Verhalten im Gefahrfall
   ○ Erste Hilfe
   ○ Sachgerechte Entsorgung
   ○ Kosten der Entsorgung

7. Welchen Sinn hat die so genannte „Unterweisung" bzw. die „wiederholende Unterweisung", die auf der Basis einer Betriebsanweisung vermittelt wird?

..........................................................................................................................................................................

..........................................................................................................................................................................

..........................................................................................................................................................................

8. Kreuzen Sie an, welche Aufgaben Betriebsärzte u. a. zu erfüllen haben.
   ○ Organisation der „Ersten Hilfe" im Betrieb
   ○ Beurteilung der Arbeitsbedingungen
   ○ Auf die Verwendung von Körperpflegeprodukten bei den Arbeitnehmern achten
   ○ Krankmeldungen der Arbeitnehmer auf ihre Berechtigung überprüfen

# Arbeitsunfälle, Erste-Hilfe-Maßnahmen 13

Von allen motorisierten Verkehrsteilnehmern verlangt der Gesetzgeber eine Ausbildung, um am Unfallort die richtigen Sofortmaßnahmen ergreifen zu können. Arbeitsunfälle auf dem Weg zur Arbeit oder von der Arbeit, so genannte Wegeunfälle, sind damit theoretisch abgesichert. Am Arbeitsplatz besteht für die meisten Beschäftigten keine Vorschrift, in erster Hilfe ausgebildet zu sein. Ausnahmen sind nachgewiesene Ersthelfer und Sicherheitsbeauftragte. Trotzdem ist jeder verpflichtet, bei Notfällen seinen Fähigkeiten entsprechend Hilfe zu leisten (§ 323c Strafgesetzbuch).

Beim Umgang mit Gefahrstoffen sind die Erste-Hilfe-Maßnahmen auf den Sicherheitsdatenblättern unter der Rubrik 4 aufgeschlüsselt. Meist handelt es sich dabei um Maßnahmen bei Verätzungen, Vergiftungen und Verbrennungen. Wie aber im Kapitel „Gesundheitsgefahren am Arbeitsplatz" dargestellt ist, können auch andere Unfallgefahren vorhanden sein.

Mit folgenden **Verletzungsarten oder -zuständen** können Mitarbeiter in Betrieben konfrontiert werden:

| | | |
|---|---|---|
| – Blutende Wunden | Gefahren: | Schock durch den Schmerz<br>Schock durch Blutverlust<br>Verbluten<br>Infektion |
| – Abriss von Körperteilen<br>(Amputationsverletzungen) | Gefahren: | Schock durch den Schmerz<br>Schock durch Blutverlust<br>Verbluten<br>Infektion |
| – Stromverletzungen | Gefahren: | Verbrennungen<br>Herz-Kreislauf-Stillstand |
| – Verbrennungen | Gefahren: | Schock<br>Infektion<br>Atemstörung |
| – Vergiftungen durch Chemikalien | Gefahren: | Schock<br>Bewusstlosigkeit<br>Leber- und Nierenschäden |
| – Verätzungen | Gefahren: | Schock<br>Speiseröhrendurchbruch<br>Infektion<br>Wunde (bei Hautverätzungen)<br>Erblindung (bei Augenverätzungen) |
| – Schock | Gefahren: | Bewusstlosigkeit<br>Schädigung der Organe |
| – Knochenbrüche | Gefahren: | Schock<br>Blutverlust<br>Infektion bei offenem Bruch |
| – Bewusstlosigkeit | Gefahren: | Ersticken<br>Atemstillstand |
| – Atemstillstand | Gefahren: | Tod durch Sauerstoffmangel |
| – Herz-Kreislauf-Stillstand | Gefahren: | Tod durch Sauerstoffmangel |

Die entsprechenden Erste-Hilfe-Maßnahmen können in diesem Rahmen nur allgemein angesprochen werden. Die sachgerechten Maßnahmen sollten in Kursen der Hilfsorganisationen (Arbeitersamariterbund, Deutsches Rotes Kreuz, Johanniter-Unfallhilfe, Malteser) erlernt und in sinnvollen zeitlichen Abständen wiederholt werden.

**Allgemeine Erste-Hilfe-Maßnahmen bei Arbeitsunfällen:**

| | |
|---|---|
| – Blutende Wunden | Blutstillung<br>Keimfreie Bedeckung |
| – Abriss von Körperteilen | Amputat sicherstellen<br>Blutstillung |
| – Stromverletzungen | Stromzufuhr unterbrechen<br>Aus dem Gefahrenbereich retten<br>In Ruhelage bringen |
| – Verbrennungen | Brand löschen<br>Brandwunde mit Wasser kühlen<br>Später keimfreie Wundbedeckung ohne Druck |
| – Vergiftungen durch Chemikalien | Aus dem Gefahrenbereich retten<br>Eventuell Wasser zu trinken geben |
| – Verätzungen | Aus dem Gefahrenbereich retten<br>Benetzte Kleidung entfernen<br>Mit Wasser spülen |
| – Schock | Betreuung<br>Eventuell Schocklage |
| – Knochenbrüche | Bruchstelle nicht bewegen<br>Ruhigstellung<br>Bei geschlossenem Bruch kühlen |
| – Bewusstlosigkeit | Stabile Seitenlage |
| – Atemstillstand | Atemspende |
| – Herz-Kreislauf-Stillstand | Herz-Lungen-Wiederbelebung |

Bei allen Arbeitsunfällen sind die Sicherheitsbeauftragten zu informieren und in den meisten Fällen ist der **Notruf** abzugeben. Bei allen Unfällen, die einer ärztlichen Hilfe bedürfen, ist eine Unfallanzeige auszufüllen und an die zuständige Berufsgenossenschaft (in der Regel Berufsgenossenschaft Druck und Papierverarbeitung) zu schicken. Alle anderen Unfälle müssen im Verbandbuch vermerkt werden.

**Allgemeine Grundsätze der ersten Hilfe:**

– Gegebenenfalls Verletzten aus dem Gefahrenbereich retten
– Ruhe bewahren
– Erkennen, was geschehen ist, überlegen, welche Gefahren drohen und unter Berücksichtigung der jeweiligen Situation handeln
– Mit dem/r Verletzten sprechen, beruhigen und Maßnahmen erläutern
– Verletzten möglichst nicht allein lassen
– Verletzten hinsetzen oder hinlegen, als Helfer/in davor stehen oder daneben knien
– Wunden, so wie sie vorgefunden werden, keimfrei bedecken
– Fremdkörper in Wunden nicht entfernen
– Zum Schutz vor Infektion Einmalhandschuhe benutzen
– Bei Verätzungen Selbstschutz beachten
– Bei Verätzungen und Verbrennungen mindestens 15 Minuten mit Wasser kühlen
– Bei Bewusstlosen regelmäßig Bewusstsein, Puls und Atmung kontrollieren
– Vor einer notwendigen Beatmung obere Atemwege freimachen
– Bei einer notwendigen Beatmung keine Zeit verlieren → sonst Hirnschädigung
– Daran denken, dass bei jedem Notfall Sauerstoffmangel auftreten kann

## Auffinden einer Person

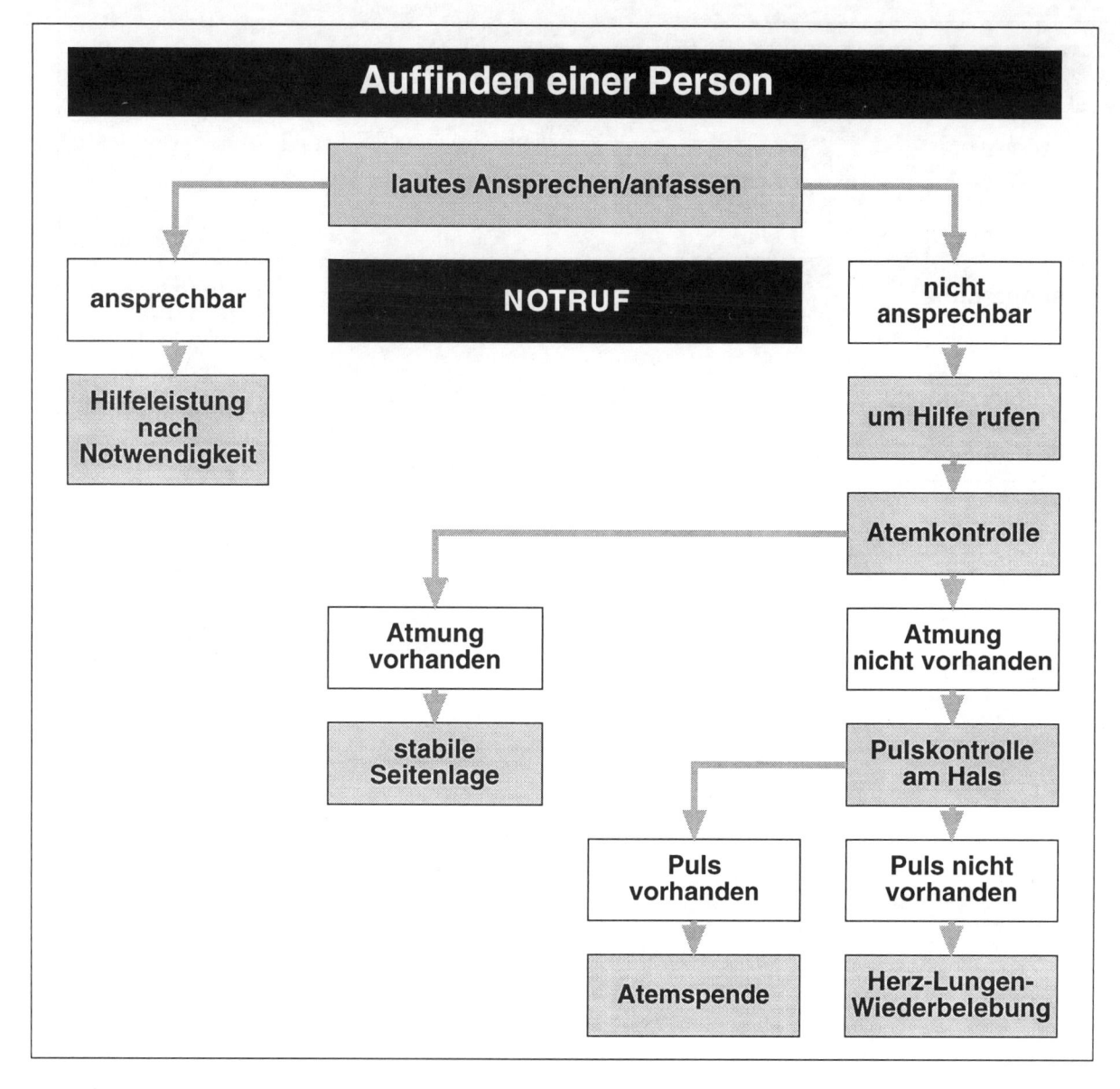

- lautes Ansprechen/anfassen
  - ansprechbar → Hilfeleistung nach Notwendigkeit
  - NOTRUF
  - nicht ansprechbar → um Hilfe rufen → Atemkontrolle
    - Atmung vorhanden → stabile Seitenlage
    - Atmung nicht vorhanden → Pulskontrolle am Hals
      - Puls vorhanden → Atemspende
      - Puls nicht vorhanden → Herz-Lungen-Wiederbelebung

Ablaufschema, wie beim Auffinden einer regungslosen Person vorgegangen wird.

Ü 1 ■ Tragen Sie nachfolgend die Notrufnummern für den Rettungsdienst in Ihrem Ausbildungsort, Ihrem Schulstandort, Ihrem Wohnort ein:

Notrufnummer Ausbildungsort

Notrufnummer Schulstandort

Notrufnummer Wohnort

Ü 2 ■ Informieren Sie sich, wer in Ihrem Ausbildungsbetrieb bzw. Ihrer Abteilung als Ersthelfer ausgebildet ist und vom Betrieb dafür benannt ist.

Ü 3 ■ Lassen Sie sich von einem Ersthelfer im Betrieb die stabile Seitenlage zeigen, die bei jeder bewusstlosen Person zur Anwendung kommt.

Ü 4 ■ Wie dem Ablaufschema zu entnehmen ist, muss bei einer bewusstlosen Person der Puls an der Halsschlagader gemessen werden. Prüfen Sie bei einem/r Freiwilligen die Pulsfrequenz (Schläge pro Minute) und den Pulsrhythmus (regelmäßig oder unregelmäßig) jeweils an der Halsschlagader und am Handgelenk mit drei Fingerspitzen, ohne dabei Druck auszuüben.
Ergebnis:

Pulsfrequenz            Schläge pro Minute, Rhythmus regelmäßig/unregelmäßig

## Auffinden einer Person

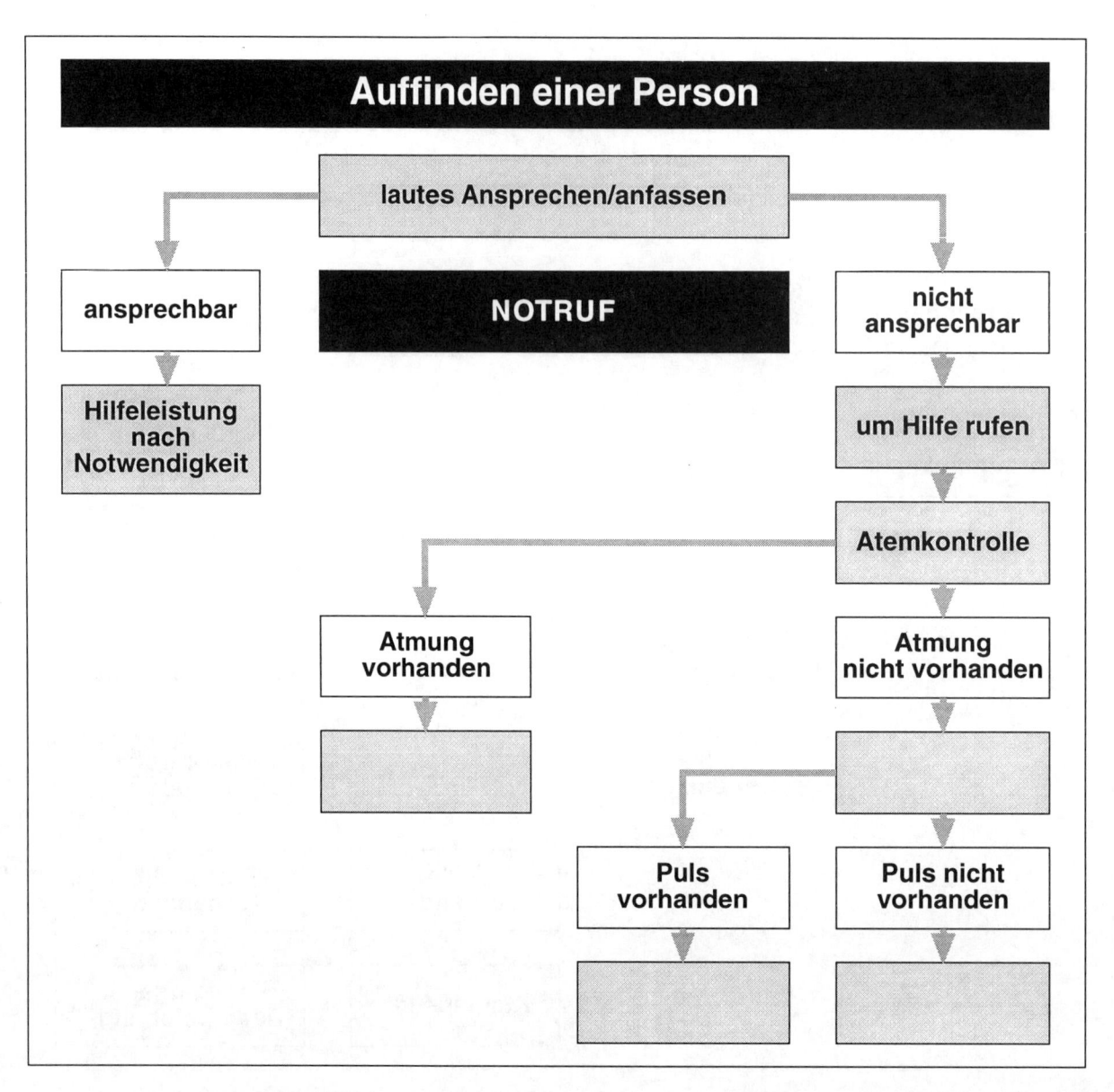

- lautes Ansprechen/anfassen
  - ansprechbar
    - Hilfeleistung nach Notwendigkeit
  - nicht ansprechbar
    - um Hilfe rufen
    - Atemkontrolle
      - Atmung vorhanden
        - [ ]
      - Atmung nicht vorhanden
        - Puls vorhanden
          - [ ]
        - Puls nicht vorhanden
          - [ ]

**NOTRUF**

1. Tragen Sie in obiges Schema die Begriffe „Herz-Lungen-Wiederbelebung", „stabile Seitenlage", „Pulskontrolle" und „Atemspende" an der richtigen Stelle ein.

2. Nur eines der drei Notruf-Schemas ist richtig. Kreuzen Sie jeweils an, ob das Schema richtig oder falsch ist.

| | | |
|---|---|---|
| Wann geschah es | Wo geschah es | Warum geschah es |
| Wer meldet | Was geschah | Wer ist schuldig |
| Was geschah | Wie viele Verletzte | Wie viele Verletzte |
| Welche Art von Verletzungen | Welche Art von Verletzungen | Welche Art von Verletzungen |
| Warten auf Rückfragen! | Warten auf Rückfragen! | Warten auf Rückfragen! |

○ richtig  ○ falsch        ○ richtig  ○ falsch        ○ richtig  ○ falsch

3. Warum sollte man beim Versorgen von blutenden Wunden Einmalhandschuhe tragen?

..................................................................................................................................................

..................................................................................................................................................

4. Wie kann bei nicht ansprechbaren Personen das Bewusstsein kontrolliert werden?

..................................................................................................................................................

5. Warum sollten Verletzte mit stark blutenden Wunden hingelegt werden?

..................................................................................................................................................

..................................................................................................................................................

6. Wie kann bei einer stark blutenden Wunde am Unterarm das Blut gestillt werden (nur eine Antwort ist richtig)?
○ Arm hoch halten, an der Oberarmarterie abdrücken, durch zweiten Helfer Druckverband anlegen lassen
○ Arm hoch halten, Abbindung anlegen
○ Arm nach unten drücken, durch zweiten Helfer Druckverband anlegen lassen

7. Zum nachfolgenden Fallbeispiel sind zwei Maßnahmenkataloge vorgeschlagen. Wählen Sie die Ihrer Meinung nach richtige Lösung aus.

**Fallbeispiel 1:** Der Trockner der Entwicklungsmaschine funktioniert nicht einwandfrei, so dass die Filme noch feucht in den Auffangkorb fallen. Ein Auszubildender hat nach der Überprüfung der Entwicklungsmaschine nasse Hände und greift nach dem Föhn, um den Film zu trocknen. Als er den Föhn einschaltet, schreit er vor Schmerzen auf und verkrampft sich. Er kann sich nicht mehr vom Föhn lösen. Alarmiert durch den Schrei ergreifen Sie die richtigen Maßnahmen.

– Gefahr: Herzrhythmusstörung
– Stecker ziehen oder Sicherung ausschalten
– Ein 2. Helfer fängt den Betroffenen auf
– Der Betroffene ist bei Bewusstsein
  und hat in der Handinnenfläche eine
  so genannte Strommarke (Brandwunde)
– Betroffenen auf Decke legen
– Ruhelage herstellen
– Brandwunde keimfrei bedecken
– Notruf abgeben

– Gefahr: Herzrhythmusstörung
– Stecker ziehen oder Not-Aus-Schalter betätigen
– Ein 2. Helfer fängt den Betroffenen auf
– Der Betroffene ist bei Bewusstsein
  und hat in der Handinnenfläche eine
  so genannte Strommarke (Brandwunde)
– Den Betroffenen stützen und ins Freie geleiten
– Im Freien mit dem Betroffenen spazierengehen
– Brandwunde keimfrei bedecken
– Notruf abgeben

○ richtig  ○ falsch                          ○ richtig  ○ falsch

8. Zum nachfolgenden Fallbeispiel sind zwei Maßnahmenkataloge vorgeschlagen. Wählen Sie die Ihrer Meinung nach richtige Lösung aus.

**Fallbeispiel 2:** Eine Kollegin macht seit einiger Zeit eine Diät, um abzunehmen. An einem schwülen Sommertag steht sie ruckartig vom Stuhl auf, weil das Telefon in einem anderen Raum klingelt. Sie sehen gerade noch, wie sie die Augen verdreht, umfällt und bewegungslos auf den Rücken zu liegen kommt.

– Gefahr: Sauerstoffmangel, Atemstillstand
– Kollegin laut ansprechen
– Kollegin reagiert nicht
– Glas Wasser holen und versuchen, einzuflößen
– Pulskontrolle
– Puls vorhanden
– Stabile Seitenlage herbeiführen
– Notruf abgeben
– Ständige Kontrolle von Bewusstsein,
  Atmung und Puls (Handgelenk)

– Gefahr: Sauerstoffmangel, Atemstillstand
– Kollegin laut ansprechen
– Kollegin reagiert nicht
– An den Schultern schütteln, evtl. Wange tätscheln
– Atemkontrolle
– Atmung vorhanden
– Stabile Seitenlage herbeiführen
– Notruf abgeben
– Ständige Kontrolle von Bewusstsein,
  Atmung und Puls (Halsschlagader)

○ richtig  ○ falsch                          ○ richtig  ○ falsch

9. Zum nachfolgenden Fallbeispiel sind zwei Maßnahmenkataloge vorgeschlagen. Wählen Sie die Ihrer Meinung nach richtige Lösung aus.

**Fallbeispiel 3:** Ein Beschäftigter in der Fertigmacherei hat die Aufgabe, das stumpfe Messer der Papierschneidemaschine zu wechseln. Beim Ausheben des Messers aus der Maschine stolpert er über einen Papierkorb, der neben der Maschine steht. Durch eine Handbewegung fällt ihm das Messer aus der Hand und durchtrennt ihm den großen Zeh des linken Fußes. Sie kommen zufälligerweise vorbei und sehen, wie der Kollege entsetzt auf die stark blutende Wunde am Zeh und das davor liegende abgetrennte Zehenglied (Amputat) schaut. Das Messer der Papierschneidemaschine liegt auf dem Boden.

| | |
|---|---|
| – Gefahr: Schock, Verbluten, Verlust des Zehenglieds | – Gefahr: Schock, Verbluten, Verlust des Zehenglieds |
| – Verletzten hinlegen | – Verletzten hinlegen |
| – Messer zur Seite schieben und absichern | – Messer zur Seite schieben und absichern |
| – Betroffenen fragen, warum er keine Sicherheitsschuhe trug | – Betroffenen beruhigen und dabei Pulskontrolle am Handgelenk durchführen |
| – Um Hilfe rufen | – Um Hilfe rufen |
| – Einmalhandschuhe anziehen und Verband anlegen | – Einmalhandschuhe anziehen und Verband anlegen |
| – Amputat in Eimer mit kaltem Wasser legen und Eimer neben Verletzten stellen | – Amputat in keimfreies Material einwickeln und in Kühlschrank (nicht Gefrierfach) legen |
| – Notruf abgeben | – Notruf abgeben |
| ○ richtig   ○ falsch | ○ richtig   ○ falsch |

10. Zum nachfolgenden Fallbeispiel sind zwei Maßnahmenkataloge vorgeschlagen. Wählen Sie die Ihrer Meinung nach richtige Lösung aus.

**Fallbeispiel 4:** Ein Kollege kommt hinzu, als Sie bei der Amputationsverletzung im vorigen Fallbeispiel erste Hilfe leisten. Als er das abgetrennte Zehenglied auf dem Boden liegen sieht, wird er kreidebleich. Er stammelt etwas Unverständliches und taumelt davon. Beim Abstützen Ihres Kollegen bemerken Sie, dass er eine kalte Haut hat, aber Schweißperlen auf der Stirn. Sie tasten seinen Puls am Handgelenk und stellen fest, dass die Frequenz bei 130 Schlägen pro Minute liegt und der Puls immer wieder aussetzt.

| | |
|---|---|
| – Gefahr: Schock | – Gefahr: Schock |
| – Decke ausbreiten und Kollegen darauf legen | – Decke ausbreiten und Kollegen darauf legen |
| – Schocklage (Beine etwa 30 cm erhöht, Kopf tief) durchführen | – Betroffenen mit erhöhtem Oberkörper (Beine flach) lagern |
| – Gegebenenfalls mit weiterer Decke zudecken | – Gegebenenfalls mit weiterer Decke zudecken |
| – Regelmäßige Pulskontrolle am Handgelenk und Beobachtung der Atmung | – Regelmäßige Pulskontrolle an Halsschlagader und Beobachtung der Atmung |
| – Notruf abgeben | – Notruf abgeben |
| – Kollegin beauftragen, den Betroffenen zu betreuen | – Kollegin beauftragen, den Betroffenen zu betreuen |
| ○ richtig   ○ falsch | ○ richtig   ○ falsch |

11. Zum nachfolgenden Fallbeispiel sind zwei Maßnahmenkataloge vorgeschlagen. Wählen Sie die Ihrer Meinung nach richtige Lösung aus.

**Fallbeispiel 5:** Auf dem Weg zu Ihrem Arbeitsplatz kommen Sie dazu, wie eine Kollegin mit dem Fahrrad in ein Schlagloch gerät und mit dem Kopf voran zu Boden stürzt. Sie hat keinen Schutzhelm getragen. Sie ist bewusstlos, Puls und Atmung sind vorhanden. Aus dem linken Ohr sickert Blut.

| | |
|---|---|
| – Verdachtsdiagnose: Schädelbasisbruch | – Verdachtsdiagnose: Schädelbasisbruch |
| – Gefahr: Atemstillstand | – Gefahr: Atemstillstand |
| – Decke ausbreiten und Kollegin darauf legen | – Decke ausbreiten und Kollegin darauf legen |
| – Nochmals Puls- und Atemkontrolle | – Nochmals Puls- und Atemkontrolle |
| – Betroffene mit erhöhtem Oberkörper lagern | – Stabile Seitenlage auf die linke Seite |
| – Notruf abgeben | – Notruf abgeben |
| ○ richtig   ○ falsch | ○ richtig   ○ falsch |

# Brandschutzmaßnahmen, Brandbekämpfung

In der Druckindustrie werden für Reinigungszwecke brennbare Lösemittel eingesetzt. Bei den früher verwendeten Chlorkohlenwasserstoffen bestand nur eine minimale Selbstentzündungsgefahr, während von den Dämpfen eine große Gesundheitsgefahr ausging. Durch Weiterentwicklung kann heute auf Reinigungsmittel pflanzlicher Basis zurückgegriffen werden, bei denen die Selbstentzündungsgefahr ebenfalls gering ist und keine Gesundheitsgefahr besteht.

Als Maß für die Feuergefährlichkeit eines Stoffes dient der **Flammpunkt**. Für diesen Begriff sind nachfolgend drei Definitionen aufgeführt:

„Duden/Rechtschreibung" – Temperatur, bei der die Dämpfe über einer Flüssigkeit entflammbar sind.
„Das moderne Lexikon" – Temperatur, bei der sich über einem Brennstoff gerade entflammbare Dämpfe bilden, die bei Annäherung einer Zündquelle kurz aufflammen.
Berufsgenossenschaft – Niedrigste Temperatur eines Lösemittels, bei der so viel Lösemittel verdampft, dass dieser Dampf in Gemisch mit Luft entflammt werden kann.

Daraus kann gefolgert werden:

> Je niedriger der Flammpunkt, desto höher die Feuergefahr.

> Je höher der Flammpunkt, desto langsamer verdunstet die Flüssigkeit.

Stoffe, deren Flammpunkt unter 21 °C liegt – die also bereits bei Zimmertemperatur entflammbare Dämpfe bilden, müssen auf dem Behältnis das nebenstehende Warnzeichen aufweisen (Warnzeichen W01, schwarz auf gelbem Grund, Warnung vor feuergefährlichen Stoffen).

Im Sicherheitsdatenblatt ist der Flammpunkt festgehalten.

Die brennbaren Flüssigkeiten, welche die Druckindustrie betreffen, sind in **Gefahrklassen** eingeordnet:
- Gefahrklasse VbF (= Verordnung für brennbare Flüssigkeiten) AI: Spezialbenzine mit einem Flammpunkt unter 21 °C, die sich nicht mit Wasser mischen lassen, z. B. Gummituchwaschmittel, Filmreiniger.
- Gefahrklasse VbF AII: Testbenzin mit einem Flammpunkt zwischen 21 °C und 55 °C, z. B. Walzenwaschmittel.

Die vorstehenden Stoffe dürfen nicht für neue Druckmaschinen verwendet werden.

- Gefahrklasse VbF AIII: Testbenzin mit einem Flammpunkt über 55 °C bis 100 °C. Wenn auf Lösemittel mit Benzinanteil nicht verzichtet werden kann, stellen diese Flüssigkeiten eine Alternative dar. Allerdings müssen dabei gesundheitsgefährdende Dämpfe in Kauf genommen werden.
- Gefahrklasse VbF B: Flüssigkeiten mit einem Flammpunkt unter 21 °C, die sich mit Wasser mischen lassen, z. B. Spiritus.

- Für langsam verdunstende Kohlenwasserstoffe mit einem Flammpunkt über 100 °C sowie Reinigungsöle mit einem Flammpunkt über 150 °C bestehen keine Gefahrklassen.

Außer dem Flammpunkt gibt es noch die **Explosionsgrenzen**, die eine Aussage über die Gefährlichkeit eines brennbaren Stoffes zulassen. Bedingung für eine Explosion ist ein Lösemitteldampf-/Luft-Gemisch. Übersteigt der Anteil der Lösemitteldämpfe einen bestimmten Wert (z. B. 3,5 Volumen-% bei Spiritus) ist eine Explosion möglich, während ab einem bestimmten Grenzwert (z. B. 15 Volumen-% bei Spiritus) das Gemisch nicht mehr explosionsfähig ist. Diese Werte werden als untere und obere Explosionsgrenzen bezeichnet.

Flammpunkt und Explosionsgrenzen lassen sich nur bedingt miteinander vergleichen. So hat leicht entzündliches Spezialbenzin mit einem Flammpunkt von unter 21 °C dieselben Explosionsgrenzen (0,6 Volumen-% untere und 6,5 Volumen-% obere Explosionsgrenze) wie Heizöl mit einem Flammpunkt von 55 °C. Allerdings bildet sich bei Spezialbenzin schneller ein explosionsfähiges Lösemitteldampf-/Luft-Gemisch.

Die **Schutzmaßnahmen** gegen Brände und Explosionen sollten beachtet werden:
- Richtige Lagerung von Lösemitteln und Putzlappen
  - Gebrauchte Putzlappen nur in geschlossenen Metallbehältern aufbewahren
  - Am Arbeitsplatz nur so viel brennbare Stoffe aufbewahren, wie zum Fortgang der Arbeit notwendig sind
  - Vorräte an Lösemitteln nur in den dafür ausgerüsteten Räumen lagern
  - Für brennbare Abfälle müssen geeignete Behälter zur Verfügung stehen
- Verhinderung elektrostatischer Aufladungen
- Es dürfen sich keine größeren Staubablagerungen auf Elektrokanälen und Lüftungsleitungen wegen der Gefahr von Schwelbränden befinden
- Die Beleuchtungseinrichtung muss sachgerecht installiert sein und darf nicht zu heiß werden
- Rauchverbot beachten
- Feuerschutztüren dürfen nicht blockiert werden
- Elektrische Einrichtungen beim Verlassen des Raumes abschalten

Ab einer bestimmten Betriebsgröße, die im § 55 Arbeitsstättenverordnung festgelegt ist, sind **Flucht- und Rettungspläne** vorgeschrieben. Diese Pläne müssen eindeutige Anweisungen enthalten, wie die Beschäftigten sich im Notfall am schnellsten in Sicherheit bringen können.

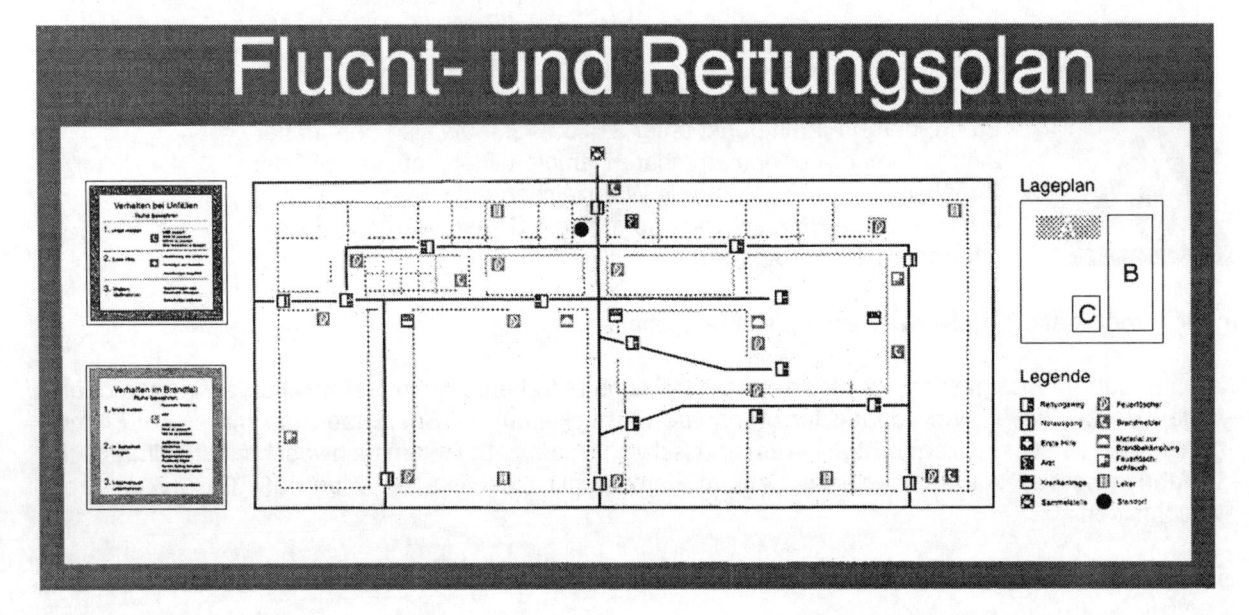

**Regeln zur Brandbekämpfung:**

- Die Glut ablöschen
- Von vorne nach hinten löschen
- Nach Möglichkeit mehrere Feuerlöscher gleichzeitig einsetzen
- Löscher erst am Brandherd in Tätigkeit setzen
- Brand stoßweise bekämpfen
- Löscher senkrecht halten
- Löschwolke über das Brandobjekt legen

- Mit dem Wind (Luftzug) ablöschen
- Von unten nach oben ablöschen
- Tropfbrände von oben nach unten ablöschen
- Flüssigkeitsbrände komplett ablöschen
- Nur soviel Löschmittel einsetzen, wie zu einer erfolgreichen Brandbekämpfung notwendig ist, damit eine Reserve bei Rückzündung vorhanden ist

Auf den Feuerlöschern befinden sich Etiketten oder Aufdrucke mit Angabe der **Brandklasse**. Für die Brandbekämpfung in Betrieben der Druckindustrie kommen insbesondere Feuerlöscher für die Brandklassen A und B in Betracht.

| Brandklasse | Art des Brandes | Löschmittel |
| --- | --- | --- |
| A | Brände fester Stoffe, hauptsächlich organischer Natur, die normalerweise unter Glutbildung verbrennen | Wasserlöscher<br>Pulverlöscher mit Glutbrandpulver<br>Pulverlöscher mit Spezialpulver |
| B | Brände von flüssigen oder flüssig werdenden Stoffen z. B. Benzin, Öle, Alkohole | Pulverlöscher mit Glutbrandpulver<br>Pulverlöscher mit Spezialpulver |
| C | Brände von Gasen z. B. Methan, Propan, Wasserstoff | Pulverlöscher mit Glutbrandpulver<br>Pulverlöscher mit Spezialpulver |
| D | Brände von Metallen z. B. Aluminium, Magnesium, Kalium und deren Legierungen | Pulverlöscher mit Metallbrandpulver |

Ü 1 ■ Zeichnen Sie auf Millimeterpapier im Format DIN A4 einen Flucht- und Rettungsplan Ihres Ausbildungsbetriebs oder Ihrer Berufsschule. Wenn es sich um größere Örtlichkeiten handelt, genügt es auch, den Plan für eine Abteilung oder einen Raum zu zeichnen, in dem Sie sich überwiegend aufhalten. Legen Sie den Plan dort ab, wo sich Verbandskasten, Notausgang und ggf. Feuerschutztüren befinden.

Ü 2 ■ Ermitteln Sie den Flammpunkt von Löse- oder Reinigungsmitteln, die in Ihrem Ausbildungsbetrieb verwendet werden.

Bezeichnung der Flüssigkeit: .................................................... Flammpunkt: ......... °C

Bezeichnung der Flüssigkeit: .................................................... Flammpunkt: ......... °C

Bezeichnung der Flüssigkeit: .................................................... Flammpunkt: ......... °C

Bezeichnung der Flüssigkeit: .................................................... Flammpunkt: ......... °C

Bezeichnung der Flüssigkeit: .................................................... Flammpunkt: ......... °C

Ü 3 ■ Stellen Sie fest, für welche Brandklassen die an Ihrem Arbeitsplatz installierten Feuerlöscher zugelassen sind und ob die Feuerlöscher im Notfall auf Menschen gerichtet werden dürfen.

Standort des Feuerlöschers: .................................................... Zugel. für Brandklasse ○ A  ○ B  ○ C  ○ D

Standort des Feuerlöschers: .................................................... Zugel. für Brandklasse ○ A  ○ B  ○ C  ○ D

Standort des Feuerlöschers: .................................................... Zugel. für Brandklasse ○ A  ○ B  ○ C  ○ D

Standort des Feuerlöschers: .................................................... Zugel. für Brandklasse ○ A  ○ B  ○ C  ○ D

Ü 4 ■ Überlegen Sie, ob und wo in Ihrem Ausbildungsbetrieb feuergefährliche elektrostatische Aufladungen entstehen können. Falls zutreffend, sollten Sie mit Ihrer Ausbilderin/Ihrem Ausbilder darüber sprechen und Gegenmaßnahmen vorschlagen.

1. Kreuzen Sie die beiden richtigen Behauptungen an.
   ○ Je höher der Flammpunkt, desto größer die Feuergefahr
   ○ Je niedriger der Flammpunkt, desto größer die Feuergefahr
   ○ Je höher der Flammpunkt, desto schneller verdunstet die Flüssigkeit
   ○ Je höher der Flammpunkt, desto langsamer verdunstet die Flüssigkeit

2. In welchen Behältern müssen gebrauchte Putzlappen aufbewahrt werden?

...........................................................................................................................................................................

3. Weshalb dürfen sich auf Elektrokanälen keine größeren Staubablagerungen befinden?

...........................................................................................................................................................................

4. Welche 3 Brandbekämpfungsregeln sind im Schema dargestellt?

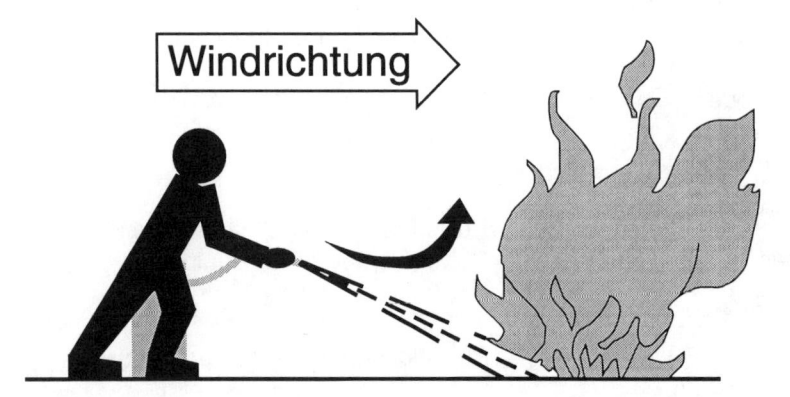

   ○ Von unten nach oben ablöschen
   ○ Tropfbrände von oben nach unten ablöschen
   ○ Von vorne nach hinten löschen
   ○ Mit dem Wind (Luftzug) ablöschen
   ○ Nach Möglichkeit mehrere Feuerlöscher gleichzeitig einsetzen
   ○ Brand stoßweise bekämpfen
   ○ Löschwolke über das Brandobjekt legen

5. Ordnen Sie den Zeichen die richtigen Begriffe und Eigenschaften zu.

| | | | | |
|---|---|---|---|---|
| ● (Kreis) | ○ Verbotszeichen | ○ Gebotszeichen | ○ Warnzeichen | ○ Rettungszeichen |
| | ○ Schwarzer Rand | ○ Grüner Grund | ○ Blauer Grund | ○ Roter Rand |
| ▲ (Dreieck) | ○ Verbotszeichen | ○ Gebotszeichen | ○ Warnzeichen | ○ Rettungszeichen |
| | ○ Schwarzer Rand | ○ Grüner Grund | ○ Blauer Grund | ○ Roter Rand |
| ⊘ (Kreis mit Strich) | ○ Verbotszeichen | ○ Gebotszeichen | ○ Warnzeichen | ○ Rettungszeichen |
| | ○ Schwarzer Rand | ○ Grüner Grund | ○ Blauer Grund | ○ Roter Rand |
| ▭ (Rechteck) | ○ Verbotszeichen | ○ Gebotszeichen | ○ Warnzeichen | ○ Rettungszeichen |
| | ○ Schwarzer Rand | ○ Grüner Grund | ○ Blauer Grund | ○ Roter Rand |

6. Womit dürfen Brände von flüssigen Stoffen, z. B. Testbenzin, gelöscht werden?
   ○ Wasserlöscher
   ○ Pulverlöscher mit Spezialpulver
   ○ Pulverlöscher mit Metallbrandpulver
   ○ Schaumlöscher
   ○ Pulverlöscher mit Glutbrandlöscher

# Umweltschutz im Betrieb

Trotz Sensibilisierung für den Umweltgedanken lassen sich Umweltbelastungen durch Betriebe der Medien- und Drucktechnik nicht vermeiden. Es sollte aber im Interesse aller Beteiligten liegen, diese Belastungen so gering wie möglich zu halten.

Jeder kann dazu beitragen, dass drei Ziele des Umweltschutzes erreicht werden:
- Ressourcenschutz (Schonung und Erhaltung der Rohstoffe und Gewässer)
- Emissionsbegrenzung (Vermeidung, Verminderung oder Verwertung von schädlichen Abgasen sowie Vermeidung von Lärm)
- Risikobegrenzung (beim Umgang mit umweltschädlichen Stoffen besondere Sorgfalt walten lassen)

Die Lieferindustrie versucht in zunehmendem Maße, umweltfreundliche Waren und Produkte herzustellen. Dabei gilt es, einen Kompromiss zwischen Ökologie (Lehre von den Beziehungen der Lebewesen zur Umwelt) und Ökonomie (Wirtschaftlichkeit) zu finden. Doch manche Umweltbelastungen lassen sich nicht vermeiden, sondern nur mildern.

**Beispiele für Umweltbelastungen durch Betriebe der Medien- und Drucktechnik:**
① Verwendung von gefüllten Textmarkern → enthalten Lösemittel, Herstellung ressourcenbelastend
② Verwendung von Sprühklebern → enthalten Lösemittel
③ Flüssige Konzentrate von Entwickler und Fixierer → größerer Transportaufwand, Kanisterherstellung unter Umständen ressourcenbelastend
④ Nachlässiger Umgang mit Entwickler und Fixierer → Gewässerbelastung
⑤ Farbreste in Druckfarbendosen (zwischen 4 und 15 % bleiben in der Dose) → aufwendige Entsorgung
⑥ Lösemittel in Tiefdruck- und Flexodruckfarben → Emissionen
⑦ Reinigungsmittel auf Benzinbasis → Herstellung ressourcenbelastend
⑧ Chemische Tankreiniger für Entwicklungsmaschinen → Gewässerbelastung
⑨ Manuelle Druckplattenentwicklung → Gewässerbelastung
⑩ UV-Druckfarben → Dämpfe bei der Trocknung
⑪ Druckpapiere mit Chlor-Zellstoffbleiche → Gewässerbelastung
⑫ Lösemittel bei der Flexodruckplattenherstellung → Emission
⑬ PUR-Klebstoffe (Polyurethan) in der Weiterverarbeitung → Dämpfe
⑭ Heizung zu hoch eingestellt → ressourcenbelastend, zusätzlich gesundheitsbelastende Schadstoffe aus den Schornsteinen
⑮ Klimaanlagen in Computerräumen → ressourcenbelastend
⑯ Gehäuse von Computern und Druckern → unter Umständen ressourcenbelastend
⑰ Mauspads aus Kunststoff → ressourcenbelastend
⑱ Drucklackierung → Emission
⑲ Feuchtmittel im Offsetdruck → Gewässerbelastung, Emission
⑳ Batterien in Geräten → ressourcenbelastend

**Mögliche Vermeidung oder Reduzierung von Umweltbelastungen:**
① Verwendung von Textmarkern aus heimischem Holz mit festen Minen. Diese Marker lassen sich mit Bleistiftspitzern anspitzen, so dass praktisch kein Abfall entsteht.
② Meist lässt sich die Verwendung von Sprühklebern ganz vermeiden. Lieferanten bieten flüssige Klebstoffe an in allen Varianten. Eine deutsche Firma, die sonst überwiegend Schriften verkauft, hat sogar einen ökologisch korrekten Papierkleber auf Kartoffelstärkebasis im Sortiment, der nach Marzipan riecht und nur unwesentlich teurer ist als lösemittelhaltiger Klebstoff. Wenn sich der Einsatz von Sprühklebern nicht vermeiden lässt, ist dafür Sorge zu tragen, dass durch die Aerosole keine Gesundheitsbeeinträchtigung der Anwender eintritt und die Luft nicht unnötig belastet wird.
③ Wie schon in früheren Zeiten werden wieder Entwickler- und Fixiererkonzentrate in Pulverform angeboten. Auch bei großem Verbrauch lassen sich die Lösungen über Mixgeräte genau und schnell zubereiten. Zudem beträgt der Abfall in Form der leeren Beutel nur einen Bruchteil der Kanister. Griffen alle Verbraucher darauf zurück, würden sich die Transportkosten und damit auch die Umweltbelastung durch Lkw-Abgase reduzieren. Auch aus ökonomischen Gründen ist der Einsatz von Pulverkonzentraten interessant: Es müssen weniger Kanister hergestellt werden, die Konzentrate sind fast unbegrenzt haltbar (es können größere Vorräte angelegt werden und unter Umständen günstigere Einkaufspreise erzielt werden), es müssen keine Kanister ausgespült werden, die Lagerkapazität der Betriebe kann für andere Zwecke verwendet werden. Wenn nicht auf Flüssigkonzentrate verzichtet werden kann, bietet die Industrie das so genannte „ÖkoTainer" System an, bei dem die Kanister zu 100 Prozent wiederverwertet werden. Die Kanister bestehen einschließlich Dichtungen und Etikett aus hö-

herwertigem weißem Polyethylen. Die Kanister werden nach Gebrauch mit einem speziellen Spülgerät, in dem das Wasser gefiltert wird, gereinigt und vom Händler zurückgenommen. In einer Shredderanlage werden die Kanister zerkleinert und zur Produktion neuer Behälter verwendet.

④ Verbrauchte Entwickler- und Fixiererlösungen aus Entwicklungsmaschinen müssen in Recyclingbehältern aufgefangen werden, um Gewässerbelastung beim Umschütten zu verhindern. Bei Reinigungsarbeiten an der Entwicklungsmaschine sollten keine Lösungen in das Abwasser gelangen. Eine fast völlige Vermeidung von Umweltbelastungen durch Entwickler- und Fixiererlösungen lässt sich durch Einsatz von Belichtern erzielen, die so genannten Trockenfilm verarbeiten, wie beispielsweise den „Drysetter", der ohne Wasser und Chemie auskommt und keine Einschränkung in der Ausgabequalität zeigt. Für Ersatzbeschaffung sind solche Belichter sicher eine überlegenswerte Alternative.

⑤ Die Druckfarbenindustrie bietet heute verschiedene Alternativen zu den herkömmlichen Farbdosen an. Je nach Verbrauchsmenge gibt es Farben in Farbkartuschen, in Pappdosen, in so genannten Mehrweg-Farbbrunnen oder Farbdepots. Im großformatigen Rotationsdruck erfolgt die Farbzuführung direkt aus vollautomatischen Dosierstationen bis 1000 kg Inhalt über Pumpen in die Farbwerke. Auch die Mineralölzusätze in Druckfarben lassen sich teilweise durch Naturöle ersetzen und schonen damit die Mineralölvorkommen.

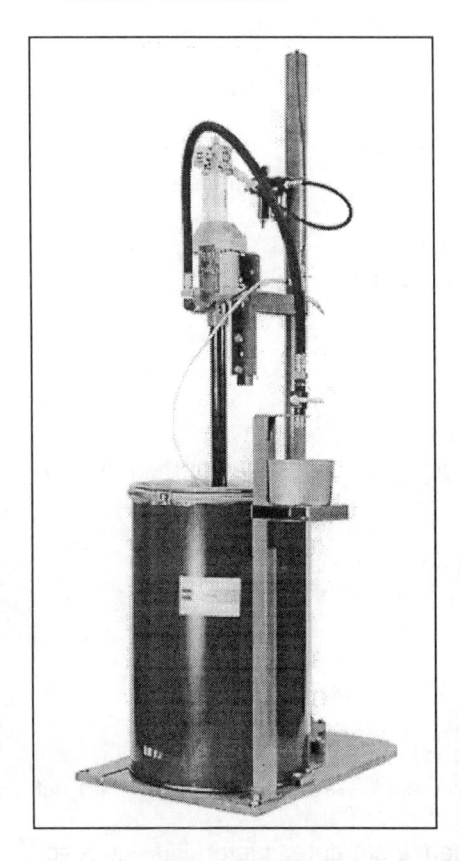

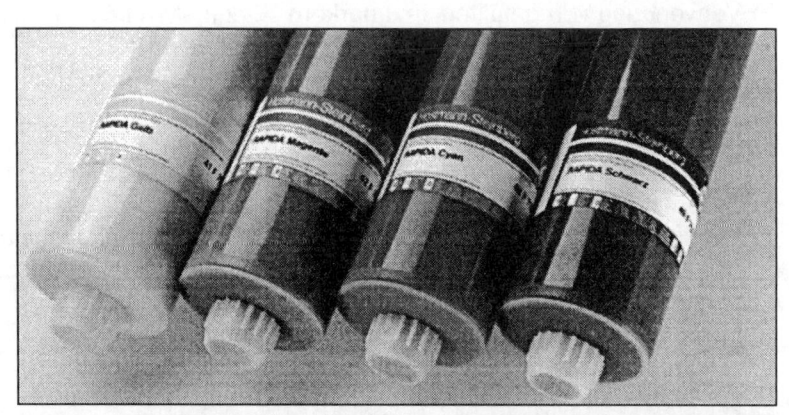

Abbildung links: Farbbrunnen zur Direktentnahme von 200 kg Offsetdruckfarben.
Abbildung rechts oben: 2-kg-Farbkartusche aus Kunststoff.
Abbildung rechts unten: InkLine-Farbzuführung auf einer 8-Farben-Speedmaster.

⑥ Die Druckfarbenindustrie entwickelt Tiefdruck- und Flexodruckfarben, die auf Wasserbasis hergestellt sind und damit keinerlei brennbare oder gesundheitsschädliche Lösemittel mehr enthalten.

⑦ Reinigungsmittel auf der Basis von höhersiedenden Mineralölen verdunsten langsam und haben damit weniger Emissionen, sind aber aus ökologischen Gründen bedenklich. Es werden immer mehr Reinigungsmittel auf Pflanzenölbasis (z. B. Sojaöl, Kokosöl oder Rapsöl), also aus nachwachsenden Rohstoffen hergestellt und verwendet. Allerdings sind dabei bestimmte Eigenschaften zu beachten, weil sonst Korrosionsschäden an Maschinen auftreten könnten.

⑧ Chemische Tankreiniger für Entwicklungsmaschinen lassen sich meistens durch warmes Wasser, Neutralreiniger und die Verwendung von Bürsten ersetzen.

⑨ Die Entwicklung der Offsetplatten in der Küvette oder gar in einem Auswaschbecken lässt die Reste des Plattenentwicklers und der zerstörten Schicht in das Abwasser gelangen. Wesentlich ökonomischer sind Plattenentwicklungsmaschinen, womit die Reststoffe getrennt erfasst werden können.

⑩ Hier sind die Druckfarbenindustrie und die Druckmaschinenhersteller dabei, Farben und Einrichtungen zu entwickeln, damit bei der Trocknung durch UV-Licht keine gesundheitsschädlichen Dämpfe mehr entstehen.

⑪ Druckpapiere, die aus Zellstoff hergestellt werden, der mit Chlor oder Chlorverbindungen gebleicht ist, bieten hohen Weißgrad, Glanz und gute Beschreibbarkeit, belasten aber die Umwelt in hohem Maße. Die Papierindustrie hat die Konsequenz gezogen und zunächst Elementarchlor durch Chlordioxid und dann durch Sauerstoff ersetzt. Durch Weiterentwicklung dieser Techniken können heute viele Papierhersteller chlorfreies Papier höchster Qualität herstellen. Chlorfrei und hochwertig sind heute keine Gegensätze mehr.

⑫ Die Lösemittel bei der Flexodruckplattenherstellung enthielten zu Beginn Schwefel, Chlor und Schwermetalle und waren explosionsgefährlich. Heute werden überwiegend wasserlösliche Platten und Lösemittel eingesetzt, die damit auch keinen Explosionsschutz mehr erforderlich machen.

⑬ Aus den PUR-Klebstoffen (Polyurethan) in der Weiterverarbeitung können gesundheitsgefährliche Isocyanat-Dämpfe austreten. Als Ersatz können Stärkeklebstoffe (z. B. aus Weizenstärke), Glutinleime aus Knochen- und Lederabfällen, wasserlösliche Dispersionsklebstoffe oder lösemittelfreie Schmelzklebstoffe eingesetzt werden. Bei all diesen Alternativen sind keine Gesundheitsgefahren durch die Rohstoffe bekannt, doch können durch heißen Leim Unfälle geschehen. Allerdings ist nicht jeder Kleber für jedes Produkt geeignet.

⑭ Jedes Grad Raumtemperatur weniger spart rund sechs Prozent Heizkosten. Das heißt, dass bei einer Absenkung von 22 °C auf die für Arbeitsräume ausreichenden 20 °C etwa zehn Prozent Heizkosten gespart werden können. Weitere Ersparnis bringt die Nachtabsenkung, wenn keine Nachtschichten geleistet werden sowie eine automatische Außensteuerung, die die benötigte Heizenergie der Außentemperatur anpasst.

⑮ Heute ist in den meisten Fällen eine Klimatisierung von Computerräumen überflüssig, da z. B. Macintosh-Rechner bei Umgebungstemperaturen zwischen 10 °C und 40 °C sowie relativer Luftfeuchtigkeiten von 5 bis 95 Prozent funktionsfähig sind. Abgesehen davon können Klimaanlagen auch der Gesundheit abträglich sein, wenn sie nicht regelmäßig gewartet werden. Lediglich bestimmte Server oder Belichter erfordern immer noch einen separaten klimatisierten Raum.

⑯ Vor allem für Drucker wird heute das Umweltzeichen „Blauer Engel" vergeben. Dabei müssen bestimmte Kriterien erfüllt werden: überdurchschnittliche Garantiezeit, Rücknahmeverpflichtung für alte Geräte, bei der Geräteherstellung keine Substanzen, die im Brandfall giftige Stoffe bilden können.

⑰ Mauspads sind meist aus Kunststoff gefertigt, der anschließend nicht mehr dem Recycling zugeführt werden kann. Inzwischen gibt es Pads, die aus Resten der Lederproduktion und mit Naturkautschuk zu einem strapazierfähigem Stoff verarbeitet werden. Eine preisgünstige Alternative sind Mauspads aus Recyclingpapier, das auf der Unterseite rutschfest beschichtet ist. Sie können gleichzeitig als Notizblocks verwendet werden.

⑱ In der Drucklackierung setzen sich immer mehr Wasserlacke oder wässrige Dispersionslacke durch, die keine Nachteile gegenüber herkömmlichen Lacken erkennen lassen und auch das Recycling des damit bedruckten Papiers zulassen. Da aber Gold- und Silberlacke Metalle (z. B. Aluminium oder Messing) und andere Lacke polymere Kunstharze enthalten, müssen alle Lackreste als Sondermüll deklariert werden.

⑲ Um auf Isopropylalkohol (IPA) im Feuchtmittel zu verzichten, müssen verschiedene Bedingungen vorliegen: spezielle Feuchtwalzen, geeignete Alkoholersatzstoffe, Farbwerktemperierung als Ersatz für die Kühlwirkung des Alkohols, Wasseraufbereitung des Feuchtmittels. „Heidelberg" propagiert Direct Imaging als umweltschonende Drucktechnologie der Zukunft, weil damit die Chemikalien der Druckvorstufe, die Offsetdruckplatten und das Feuchtmittel wegfallen.

⑳ Jährlich werden in Deutschland etwa 800 Millionen Batterien verbraucht. Viele Batterien, die auch in der Druck- und Medienindustrie verwendet werden, können durch wiederaufladbare Akkumulatoren oder durch ein Netzteil ersetzt werden. Akkus ermöglichen die Einsparung von bis zu 500 Batterien, müssen aber – genau wie Batterien – korrekt entsorgt werden. Auf keinen Fall sollten noch Quecksilberoxid-Batterien und Nickel-Cadmium-Akkus zum Einsatz kommen.

Ü 1 ■ Nennen Sie noch weitere Umweltbelastungen und deren mögliche Behebung durch Ihren Ausbildungsbetrieb oder Ihre Berufsschule, die vorstehend nicht aufgeführt sind.

Ü 2 ■ Schauen Sie in Handbüchern von Druckmaschinen, Rechnern, Belichtern, Servern oder Scannern nach, welche Umgebungstemperaturen und welche Luftfeuchtigkeit zulässig sind. Tragen Sie die Werte nachfolgend ein.

Maschine, Gerät             Umgebungstemperaturen von bis °C   Luftfeuchtigkeit in Prozent von bis

...................................................................................................................................................................

...................................................................................................................................................................

...................................................................................................................................................................

...................................................................................................................................................................

Ü 3 ■ Ermitteln Sie, in welchen Geräten Ihres Ausbildungsbetriebs statt Batterien Akkus oder Netzteile eingesetzt werden könnten.

1. Tragen Sie in das nebenstehende Schema über das „ÖkoTainer"-System die fehlenden Begriffe ein:
– Kanister spülen
– Abfüllung
– Kanister zerkleinern

2. Wie können ohne Einsatz von Chemie Kopiervorlagen für Offsetplatten hergestellt werden?

..................................................................

..................................................................

..................................................................

3. Um wieviel °C muss eine Raumtemperatur abgesenkt werden, um etwa 18 Prozent Heizkosten einsparen zu können?

..................................................................

4. Welche Kriterien müssen erfüllt werden, damit ein Laserdrucker das Umweltzeichen „Blauer Engel" erhält?
○ Ausschließliche Verwendung von Recycling-Tonerpatronen
○ Überdurchschnittliche Garantiezeit
○ Rücknahmeverpflichtung für das alte Gerät
○ Bei der Geräteherstellung dürfen keine Substanzen verwendet werden, die im Brandfall giftige Stoffe bilden können
○ Gerät muss aus Recycling-Kunststoff hergestellt sein
○ Drucker darf im Betrieb eine bestimmte Lautstärke nicht überschreiten
○ Im automatischen Ruhezustand darf der Drucker nicht mehr als 15 Watt verbrauchen
○ Die Verpackung des Druckers muss vom Lieferanten zurückgenommen werden.

5. Was versteht man unter Ressourcenschutz?

..................................................................................................................................................................

6. Unter welchem Begriff lässt sich das Entweichen von Abgasen in die Umgebungsluft und die Belastung durch Lärm zusammenfassen?

..................................................................................................................................................................

# Energiesparmaßnahmen

Aus Gründen des Ressourcenschutzes sollte mit der vorhandenen Energie sparsam gewirtschaftet werden. Dies muss auch bei Strombezug über erneuerbare Energien gewährleistet sein, z. B. bei Strom aus Windkraft, Wärmeaustauscher, Solartechnik, Biogas usw. Zwar werden die Energiekosten über die Betriebsabrechnung indirekt in Rechnung gestellt, doch wegen der Ökologie und der Konkurrenzfähigkeit der Betriebe im Druck- und Medienbereich ist es von Vorteil, Energie sparsam einzusetzen. Ein Sparpotenzial ergab sich durch die Liberalisierung des Strommarktes. Dadurch kann jeder Betrieb den für seine Bedürfnisse passenden Lieferanten auswählen.

**Möglichkeiten von Energiesparmaßnahmen:**

① Bei allen PCs lassen sich Einstellungen vornehmen, die den Monitor oder den Rechner bei längerer Inaktivität nach einer vorgewählten Zeit in den Ruhezustand versetzen bzw. ausschalten. Durch den Ruhezustand des Monitors lassen sich bis zu 95 Prozent Strom einsparen (Trinitron-Monitore). Auch in der Wahl des Monitors lässt sich der Stromverbrauch steuern: Ein LCD-Monitor benötigt etwa 30 Prozent Strom eines herkömmlichen Monitors, allerdings liegt der Anschaffungspreis etwa viermal höher. Außerdem gibt es derzeit noch Probleme mit dem Colormanagement, in diesem Fall mit der Kalibrierung des Monitors.

② Auch alle anderen elektrischen Geräte und Maschinen lassen sich stromsparend betreiben. Schon bei der Anschaffung sollte auf einen niedrigen Verbrauch geachtet werden. Die Tabelle auf den folgenden Seiten zeigt erhebliche Unterschiede im Stromverbrauch auf bei gleichartigen Maschinen. Mit Leistungssteigerungen geht leider zum großen Teil auch eine Steigerung des Stromverbrauchs einher. Dies wird besonders bei PCs deutlich. Wie auch im privaten Bereich sollte im geschäftlichen Bereich auf den Standby-Modus verzichtet werden, weil damit weiterhin Strom verbraucht wird. Nach einer Studie des Umweltbundesamtes gehen 11 Prozent des gesamten Stromverbrauchs auf das Konto von Geräten im Standby-Modus. Energieversorgungsunternehmen bieten dazu einen so genannten Power Safer an, der das entsprechende Gerät wenige Sekunden nach dem Standby-Modus vom Netz trennt. Das Einschalten funktioniert trotzdem über Fernbedienung. Schon aus Sicherheitsgründen sollte jedes Gerät bei Arbeitsschluss vom Netz genommen werden, gegebenenfalls über einen zentralen Not-Aus-Schalter, wie er in größeren Betrieben vorhanden ist. Wie wissenschaftliche Untersuchungen ergaben, ist selbst in ausgeschaltetem Zustand ein Minimalverbrauch nicht auszuschließen. Auch hierzu bieten Energieversorgungsunternehmen den Verleih von Strommessgeräten an, um Stromfressern auf die Spur zu kommen. Leider gibt es im Druckvorstufenbereich teilweise Geräte (z. B. Drucker), die über keinen Netzschalter verfügen und damit nur über das Ziehen des Netzsteckers ausgeschaltet werden können.

③ Bei der Heizung kann durch richtig eingestellte, gut gewartete Thermostate Energie eingespart werden. Bewährt haben sich auch Außentemperaturfühler, die u. a. dafür sorgen, dass bei einsetzender Außenerwärmung die Raumtemperatur rechtzeitig abgesenkt werden kann. Heizkörper sollten die Wärme frei in den Raum ausstrahlen können. Es dürfen keine Möbelstücke oder Maschinen davor platziert sein. In der Regel nicht sinnvoll ist es, Heizkörper unter Fenstern anzubringen und darüber Wärme entweichen zu lassen. Zur besseren Abstrahlung der Wärme wird manchmal eine Reflexionsfolie hinter dem Heizkörper empfohlen.

④ Bei der Arbeitsplatzbeleuchtung werden meistens Neonröhren verwendet, die fast schon Energiesparlampen sind. Für die gleiche Lichtstärke benötigen Röhrenlampen 6 bis 15 Watt gegenüber herkömmlichen 40-Watt-Lampen. Die ebenfalls stromsparenden Halogenstrahler lassen sich im Betrieb kaum einsetzen, sondern eher im Privatbereich. In Sozialräumen der Betriebe wo den ganzen Tag Licht benötigt wird ist der Einsatz von Energiesparlampen angebracht. Der Stromspareffekt wird durch die Gegenüberstellung mit herkömmlichen Glühlampen deutlich: Glühlampe mit 100 Watt ≥ Energiesparlampe mit 15 Watt, Glühlampe mit 75 Watt ≥ Energiesparlampe mit 11 Watt. Energiesparlampen lassen sich nicht dimmen und sollten möglichst wenig aus- und eingeschaltet werden, damit die 8–10-fache Lebensdauer gegenüber einer Glühlampe nicht reduziert wird. Der Preis muss in Relation zur Lebensdauer und zur Stromersparnis gesehen werden: Eine Energiesparlampe mit Vorschaltgerät kostet etwa 10 Euro, ohne Vorschaltgerät etwa 3 Euro.

⑤ Bei großen, leistungsstarken Offsetmaschinen entsteht Abwärme durch Farbwerktemperierung, Feuchtmitteltemperierung, UV- oder Infrarottrocknung. Ein Teil dieser Wärme kann bei Wasserkühlung als Heizenergie genutzt werden. Auch in anderen Druckverfahren entsteht Abwärme, beispielsweise durch thermische Ablufttreinigung, die in vielen Fällen in den Kreislauf zurückgeführt werden kann.

⑥ Energie kann auch auf dem Weg zur Arbeit eingespart werden: Im Idealfall kann der Ausbildungsplatz zu Fuß oder mit dem Fahrrad erreicht werden, womit nur die eigenen Energie verbraucht wird. Ist der Arbeitsplatz weiter entfernt, sollten öffentliche Verkehrsmittel Priorität besitzen, gefolgt von Fahrgemeinschaften und erst an letzter Stelle der Individualverkehr mit dem eigenen Motorrad oder Auto.

⑦ An den Druckmaschinen im Umgang mit Farbe und Lösemitteln ist Arbeitskleidung unerlässlich. Hier gibt es Firmen, die leihweise Arbeitskleidung zur Verfügung stellen, die verschmutzte Kleidung abholen, umweltfreundlich waschen und saubere Kleidung in den Betrieb bringen. Abgesehen von der Energieersparnis, dann muss nicht jeder Arbeitsanzug separat zu Hause gewaschen werden, wird keine Neuanschaffung notwendig und die Funktionalität der Arbeitskleidung ist gewährleistet.

⑧ Größere Betriebe bieten ihren Beschäftigten Essen in der Kantine an. Durch die Zubereitung des Essens in großen Portionen lässt sich gegenüber dem Kochen von Einzelportionen – womöglich auf Elektro-Kochplatten – Strom einsparen. Als Alternative bieten sich für viele Speisen Mikrowellen-Geräte an. Dagegen lässt sich beim Erhitzen von vorgekochten, in Alumiumfolie eingeschweißte Speisen im Mikrowellen-Gerät, wie es in manchen Betrieben üblich ist, keine Energie einsparen. Denn dafür wird mehrmals Energie benötigt: für die Zubereitung der Speisen, für das Einschweißen, für den Transport und zuletzt für das Erhitzen.

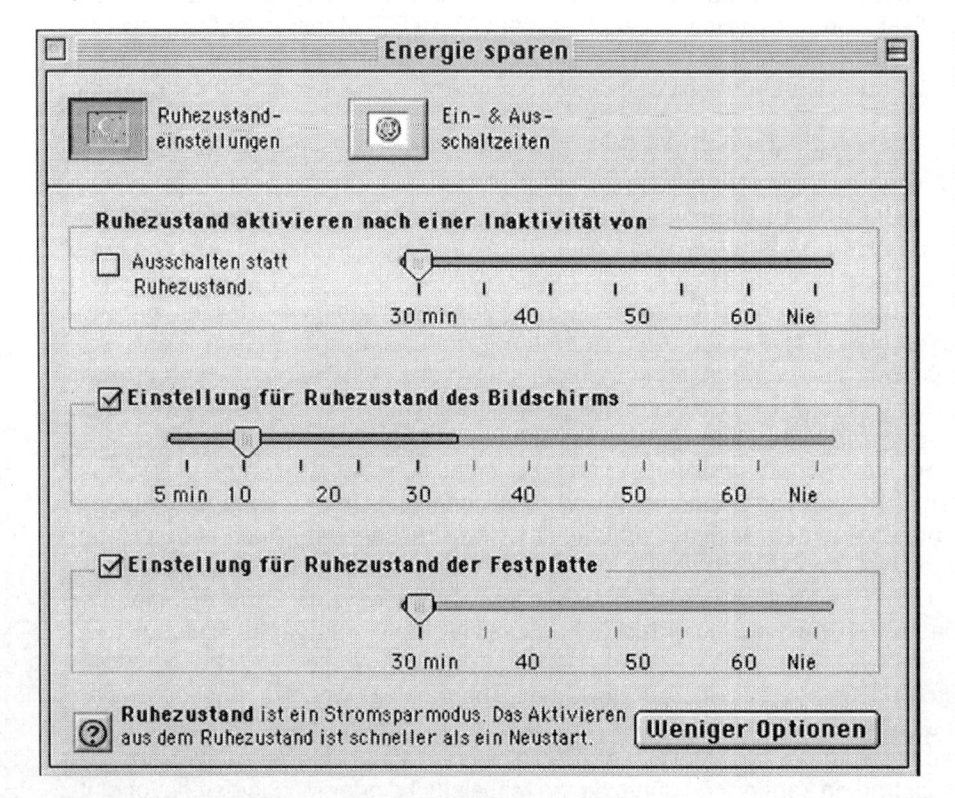

Energiespar-Einstellungen am Macintosh.

Statt in den Ruhezustand können Rechner und Monitor auch zu einer vorgewählten Zeit automatisch ausgeschaltet werden.

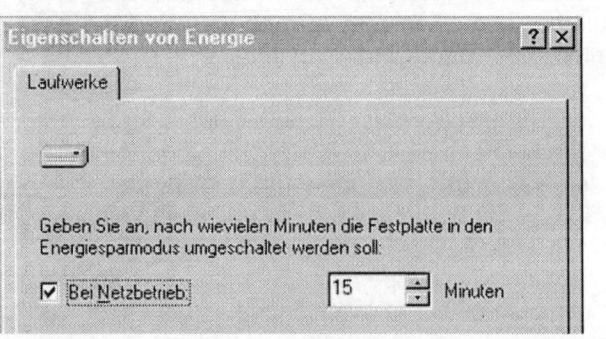

Energiespar-Einstellungen in Windows.

**Elektrische Leistung von Maschinen und Geräten in der Druckvorstufe und im Druck**

| Gerät/Maschine | Energieverbrauch on | Energieverbrauch im Ruhezustand/ Standby | Energieverbrauch off |
| --- | --- | --- | --- |
| 17-Zoll-FD-Trinitron-Monitor | max. 120 W | max. 10 W | max. 3 W |
| 19-Zoll-FD-Trinitron-Monitor | max. 160 W | max. 10 W | max. 3 W |
| 19-Zoll-FD-Trinitron-Monitor | max. 140 W | k. A. | max. 1 W |
| 21-Zoll-FD-Trinitron-Monitor | max. 160 W | max. 10 W | max. 3 W |

**Elektrische Leistung von Maschinen und Geräten in der Druckvorstufe und im Druck**

| Gerät/Maschine | Energieverbrauch on | Energieverbrauch im Ruhezustand/ Standby | Energieverbrauch off |
|---|---|---|---|
| 15 Zoll aktiver TFT-Monitor | max. 35 W | max. 15 W | max. 5 W |
| 18-Zoll-TFT-LCD-Monitor | max. 46 W | max. 15 W | max. 1 W |
| Digital-Projektor (Beamer) | 190 W | 2 W | k. A. |
| Digital-Projektor (Beamer) | 290 W | 5 W | k. A. |
| Digital-Projektor (Beamer) | 400 W | k. A. | k. A. |
| Laserdrucker DIN A 4 | 180 W | < 10 W | k. A. |
| Laserbelichter Laserdiode | max. 400 W | k. A. | k. A. |
| Laserbelichter 483 x 430 mm | max. 1200 W | k. A. | k. A. |
| Laserbelichter 540 x 550 mm | max. 1200 W | k. A. | k. A. |
| Farbkopierer DIN A 3 | max. 6000 W | k. A. | k. A. |
| Macintosh II si ohne Monitor | max. 74 W | k. A. | k. A. |
| Macintosh Performa 630 | max. 45 W | k. A. | k. A. |
| Macintosh G 4 ohne Monitor | max. 200 W | k. A. | k. A. |
| Heidelberger GTO Einfarben | max. 1500 W | k. A. | k. A. |
| Heidelberger GTO Vierfarben | max. 4500 W | k. A. | k. A. |
| Heidelberger MOZP | max. 16000 W | k. A. | k. A. |
| Falzmaschine | max. 3500 W | k. A. | k. A. |
| Papierschneidemaschine | max. 3000 W | k. A. | k. A. |

Ü 1 ■ Ermitteln Sie den Energieverbrauch an Ihrem Arbeitsplatz pro Stunde (ohne Beleuchtung und eventuelle Zusatzgeräte).

Maschine/Gerät:

Energieverbrauch pro Stunde bei voller Leistung:

Ü 2 ■ Erstellen Sie eine Tabelle mit verschiedenen Maschinen/Geräten Ihres Ausbildungsbetriebs.

| Gerät/Maschine | Energieverbrauch on | Energieverbrauch im Ruhezustand/ Standby | Energieverbrauch off |
|---|---|---|---|
|  |  |  |  |
|  |  |  |  |
|  |  |  |  |
|  |  |  |  |
|  |  |  |  |

Ü 3 ■ In einem Druckvorstufenbetrieb ist an einem Schreibtisch eine Arbeitsleuchte mit einer 100-W-Glühlampe installiert. Es wird überlegt, stattdessen eine Energiesparlampe mit 15 W ohne Vorschaltgerät einzusetzen. Berechnen Sie, nach wieviel Arbeitsstunden sich die Energiesparlampe amortisiert hat. Angenommener Strompreis pro kWh 0,10 Euro. Den Preis der Glühlampe und der Energiesparlampe können Sie im Elektrofachgeschäft, in Einkaufszentren, in Versandhauskatalogen oder im Internet erfahren.

..........................................................................................................................................................................

..........................................................................................................................................................................

Ü 4 ■ Besuchen Sie im Internet die Seiten der Energieversorgungsunternehmen und lesen Sie dort die Energie-Spartipps. Ermitteln Sie, ob Sie diese Tipps im Ausbildungsbetrieb oder im Privatbereich umsetzen können.

1. Nennen Sie erneuerbare Energieträger bei der Stromerzeugung.

..........................................................................................................................................................................

..........................................................................................................................................................................

2. Wieviel Prozent des jährlichen Stromverbrauchs geht auf das Konto von Geräten im Standby-Modus?
○ 3 Prozent
○ 11 Prozent
○ 30 Prozent.

3. Warum sollten elektrische Geräte und Maschinen bei Arbeitsschluss vom Netz getrennt werden?

..........................................................................................................................................................................

..........................................................................................................................................................................

4. Welche Vorteile hat gemietete bzw. leihweise überlassene Arbeitskleidung?

..........................................................................................................................................................................

..........................................................................................................................................................................

..........................................................................................................................................................................

5. Kreuzen Sie die richtigen Behauptungen zu Energiesparmaßnahmen bei der Beleuchtung an.
○ Halogenstrahler sind trotz niedrigen Stromverbrauchs nicht als Arbeitsplatzleuchten geeignet
○ Mit Energiesparlampen lässt sich gegenüber Glühlampen 60 bis 80 % des Stromverbrauchs einsparen
○ Energiesparlampen lassen sich sinnvoll in Treppenhäusern einsetzen, die nur bei Bedarf beleuchtet werden
○ Energiesparlampen haben die doppelte Lebensdauer gegenüber normalen Glühlampen
○ Durch Dimmen der Energiesparlampen lässt sich noch mehr Energie einsparen
○ Mit Röhrenlampen lässt sich gegenüber Glühlampen Energie einsparen

6. Bringen Sie die nachfolgenden Möglichkeiten zur Arbeit zu kommen in die richtige Reihenfolge, beginnend bei der ressourcenschonendsten Lösung:
Fahrgemeinschaft mit Pkw, zu Fuß, Auto, öffentlicher Nahverkehr (Bus), Fahrrad, öffentlicher Nahverkehr (Bahn), Fahrrad, Motorrad.

..........................................................................................................................................................................

..........................................................................................................................................................................

# Abfallvermeidung, Recycling

„Wir leben, wie es uns gefällt – Wir kaufen, was uns gefällt – Wir werfen weg, was uns nicht mehr gefällt." Das Leben nach diesem Motto war noch nie zu verantworten, führt aber in Zeiten knapper Ressourcen zum Kollaps einer Gesellschaft. Heute sollte die Devise sein:

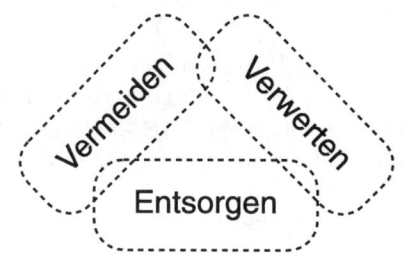

**Vermeiden – Verwerten – Entsorgen**

Dabei muss das Zusammenspiel zwischen den einzelnen Zielen gewährleistet sein.

Beim **Vermeiden** geht es darum, im Idealfall Abfälle gar nicht erst entstehen zu lassen. Selbst durch konsequenten Einsatz von Mehrwegbehältern und modernster Technologie wird sich dies nicht verwirklichen lassen, weil irgendwann jedes Material Verschleißerscheinungen zeigt und recycelt oder entsorgt werden muss. Die Müllvermeidung beginnt bereits im privaten Bereich und setzt sich im betrieblichen Bereich in eingeschränktem Umfang fort:

① Getränke nur in Pfandflaschen kaufen oder von zu Hause in Flaschen oder Kannen (z. B. Tee) abgefüllt mitbringen. Es sollten keine Getränkedosen verwendet werden, weil die Herstellung dieser Dosen einen hohen Energie- und Ressourcenaufwand bedeutet.
② Pausenbrote nicht in Aluminium- oder Kunststofffolie einwickeln, sondern in einer Brotbox mitnehmen.
③ Beim CD-Player, dem Walkman und anderen mobilen elektronischen Geräten nach Möglichkeit keine Batterien, sondern Akkus verwenden und diese nach Verbrauch sachgerecht entsorgen.
④ Beim Einkauf keine Plastiktaschen, sondern Stofftaschen verwenden.
⑤ Fastfood-Restaurants, bei denen alles im Einweggeschirr serviert wird, meiden oder darauf einwirken, dass sie alternativ auch Porzellanteller und Gläser anbieten. Im Internet finden sich die Sites und auch die E-Mail-Adressen dieser Unternehmen.
⑥ In den meisten Betrieben und Berufsschulen haben sich Mietlappen durchgesetzt. Dadurch werden keine Lappen mehr weggeworfen und das Entsorgungsproblem von Lösemitteln und Farbresten entfällt bzw. wird auf wenige fachlich kompetente Firmen konzentriert.
⑦ Im Frühjahr 2000 hat Agfa die LiteSpeed-Schicht angekündigt, eine Flüssigkeit, die in Druckmaschinen auf wiederverwendbare Metalloberflächen (z. B. normale anodisierte Offsetplatten) gesprüht und digital bebildert wird. Die hauchdünne Schicht wird mit einer Laserdiode bestrahlt und bei einer Temperatur von ca. 100 °C geschmolzen. Wenn die Druckmaschine anläuft, müssen zuerst die Feuchtwalzen in mehreren Umdrehungen die Oberfläche der Druckplatte anfeuchten. Die danach aufsetzende Farbwalze nimmt die Schicht an den unbebilderten Stellen ab und gibt sie an die ersten Druckbogen weiter. Es gerät keine Schicht ins Feucht- oder Farbwerk.

Beim **Verwerten** werden durch Recycling Wertstoffe dem Wirtschaftskreislauf wieder zugeführt. Dadurch können wertvolle Rohstoffe wie Öl, Kohle, Holz und Gas gespart werden:

① Im privaten Bereich kann in den meisten Fällen statt auf holzfreiem weißem Papier auch auf Recyclingpapier geschrieben werden.
② Schnellhefter und Ordner müssen nicht aus Kunststoff oder gar aus Mischmaterialien bestehen, sondern erfüllen ihre Funktion auch aus recycelter Pappe.
③ Das **Duale System** ist verpflichtet, Verpackungen mit dem **Grünen Punkt** zurückzunehmen. Für Zeitungen, Zeitschriften und anderes Altpapier existieren Hol- und Bringsysteme (Papiercontainer, farbige Tonne für einzelne Haushalte, Bündelsammlung), die über einen Abrechnungsmodus zwischen Grünem Punkt und den Kommunen finanziert werden. Verpackungen von Plan- und Rollfilmen in der Grafischen Industrie werden dagegen von Vertragspartnern dieser Firmen kostenlos zurückgenommen.

Das Duale System Deutschland AG ist ein privatwirtschaftliches Non-Profit-Unternehmen mit 537 Entsorgungspartnern in der Bundesrepublik Deutschland. Unternehmenszweck ist die Vermeidung und Verwertung von Verkaufsverpackungen. Dem Unternehmen gehören rund 600 Firmen aus Handel und Industrie als Aktionäre an. Mehr als 18 000 Lizenznehmer nutzen den Grünen Punkt und finanzieren damit die Getrenntsammlung von

Verkaufsverpackungen, ihre Sortierung und gegebenenfalls ihre Verwertung. Der Grüne Punkt ist das Logo des Dualen System Deutschlands AG, kann in allen Farben gedruckt werden und ist auch als Umrisszeichnung vorhanden. Weitere Informationen über das Duale System sind im Internet unter der Adresse www.gruener-punkt.de zu finden.

④ Für gebrauchte Glasverpackungen ist die farbsortierte Containersammlung vorgesehen.
⑤ In den Bundesländern gibt es unterschiedliche Sammelverfahren für die Verpackungen aus Kunststoff, Verbundmaterialien und Metall. Teilweise werden die Leichtverpackungen in Säcken gesammelt und Metalle zu Containern gebracht, teilweise wird alles in Säcken gesammelt. Außerdem gibt es in vielen Orten so genannte Wertstoffhöfe, wo die Stoffe entgegengenommen werden.
⑥ Ausgedruckte, nicht archivierte Offsetdruckplatten werden von Altmetallhändlern oder Entsorgungsunternehmen abgeholt, die dafür eine Vergütung bezahlen.
⑦ Gleichfalls eine Vergütung erhalten filmverarbeitende Betriebe für das Silber, das in den nicht mehr benötigten Filmen enthalten ist. In Recyclingunternehmen können Silber und Kunststofffolien getrennt werden.
⑧ Meist keine Vergütung gibt es für Altfixierbad, obwohl darin bis zu 10 g Silber pro Liter enthalten sind, weil die Entsorgungskosten entsprechend hoch sind. Für Firmen mit hohem Fixierbadumsatz lohnt sich eventuell eine eigene Entsilberungsanlage, auch wenn die entsilberte Lösung anschließend kostenpflichtig entsorgt werden muss.
⑨ Die Tonerpatronen von Laserdruckern lassen sich recyceln und können zu einem reduzierten Preis gekauft werden. Auch wenn man neue Tonerpatronen verwenden will, sollte man die gebrauchten Patronen an den Hersteller oder Händler zurückgeben. Viele Hersteller bieten die kostenlose Rücksendung oder sogar Abholung der Patronen an.
⑩ Sind Monitore defekt und können nicht mehr repariert werden, besteht in den meisten Fällen die Möglichkeit, diese bei einem Wertstoffhof abzugeben. Dort erfolgt die Weiterleitung an Firmen, die alle verwertbaren Teile ausbauen und nur den Restmüll entsorgen.

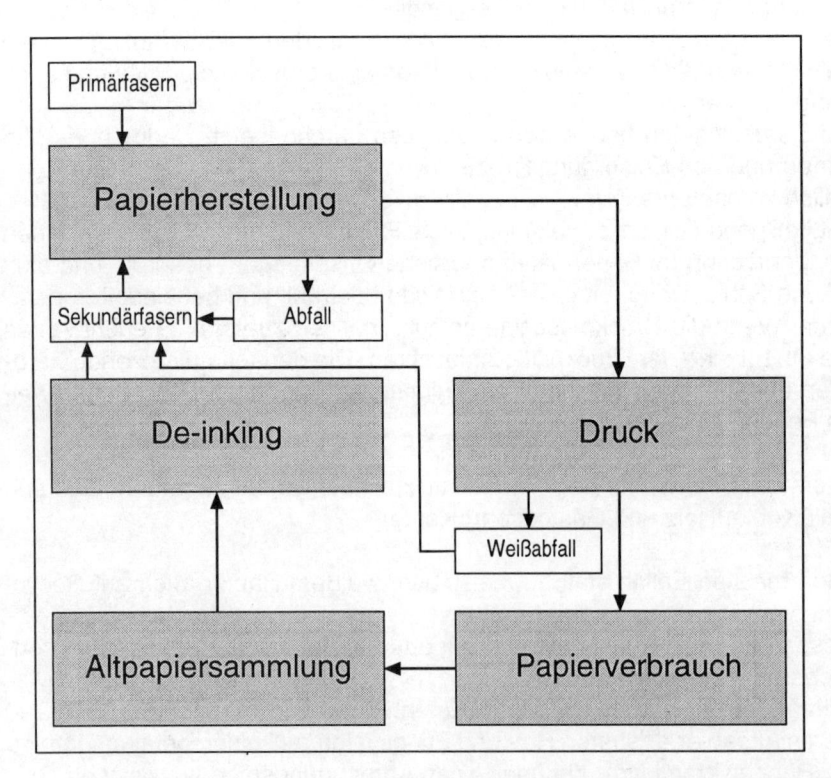

Schema zum Recycling von Druckpapieren.

Ein Problem beim Papierrecycling stellt das Entfernen von Druckfarben, von Leimen, Füllstoffen und Resten der Drahtheftung dar. Dazu wird das De-inking-Verfahren angewendet. Der dabei anfallende Schlamm wird teilweise als Düngemittel verarbeitet oder muss entsorgt werden.
Papier lässt sich nicht beliebig oft recyceln, weil sonst eine Verschlechterung der Lauffähigkeit in der Rotationsmaschine bzw. der Verdruckbarkeit auftritt.
In Deutschland besteht bei den Zeitungen etwa 50 % Altpapiereintrag, bei Verpackungspapieren etwa 90 % Altpapiereintrag.

Das **Entsorgen** von Reststoffen, die nicht dem Recycling zugeführt werden können, erfolgt im betrieblichen Bereich in reglementierter Form. Es muss ein schriftlicher Nachweis vorliegen, was mit verbrauchten Entwicklerbädern und Altfixierbädern geschehen ist. Auch im Privatbereich darf Problemmüll wie Farben, Lacke, Pflanzenschutzmittel usw. nicht einfach in den Restmüll gegeben werden, sondern muss bei speziellen Sammelstellen oder Sammlungen entsorgt werden. Der Restmüll wird z. B. in Müllkraftwerken in Energie umgewandelt. Die Abfälle aus den Müllkraftwerken landen schließlich in so genannten Restdeponien, während normale Hausmülldeponien eine seltene Ausnahme bilden und meist nur als Zwischenlagerung für Müllkraftwerke dienen.

① Batterien und Akkus können nicht recycelt werden, sondern müssen bei entsprechenden Sammelstellen oder im Einzelhandel abgegeben werden.
② Gebrauchter Entwickler wird von Entsorgungsunternehmen gegen Nachweis und Gebühr abgeholt und der sachgerechten Entsorgung zugeführt.

Firmen, die sich angesichts vieler Vorschriften auf dem Gebiet der Abfallbeseitigung unsicher fühlen, können sich in der Regel an die zuständigen Kommunen wenden, wo größtenteils so genannte Abfallberater tätig sind. Eine große Druckfarbenfabrik bot ihren Kunden im Rahmen einer Umweltpartnerschaft einen Umwelt-TÜV an. Dort wurden die Kunden auf den Gebieten Abfallentsorgung, Immissionsschutz und Abwasser beraten und unterstützt.

Ein solcher Übernahmeschein muss bei der Entsorgung von industriellen Abfällen ausgefüllt werden, wobei Exemplare an
– den Erzeuger,
– den Beförderer,
– den Entsorger und
– die Kommune
gehen.

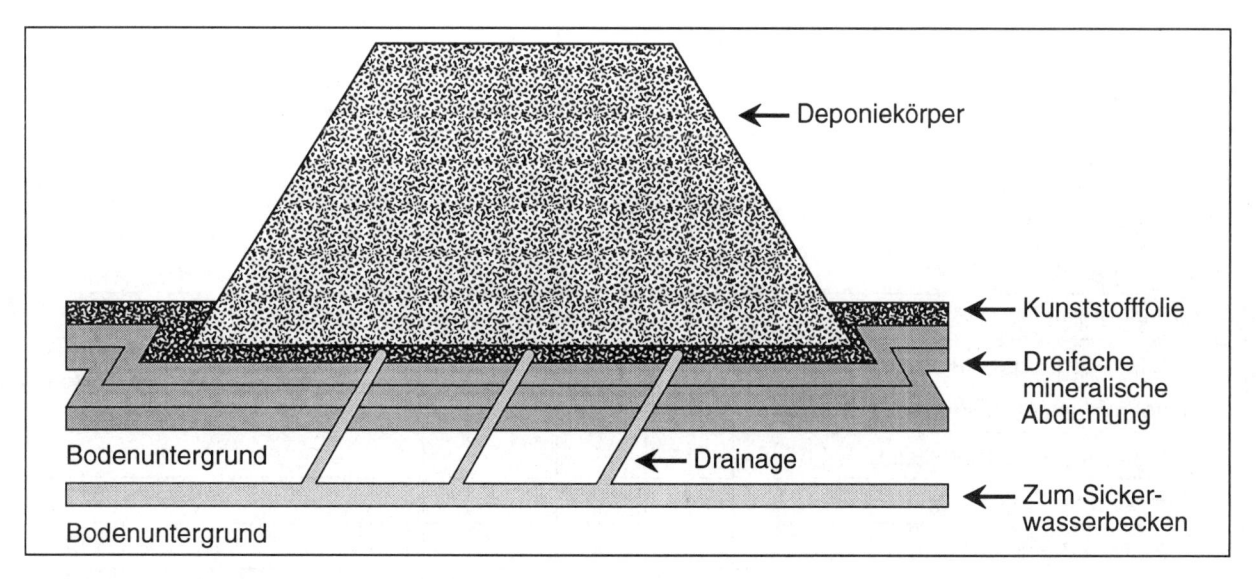

Aufbau einer Restmülldeponie

Auch kleinere Betriebe können eine Standorteintragung nach der EU-**Öko-Audit**-Verordnung sowie eine Zertifizierung nach DIN ISO 14000 bekommen. Wenn ein Betrieb ein freiwilliges Umweltmanagementsystem aufbauen will, werden zunächst die ökologischen und ökonomischen Parameter des Betriebs erfasst. Dann wird ausgearbeitet, wie der Betrieb seine Leistungen im Umweltschutz weiter verbessern kann. Ist das System im Betrieb eingeführt, findet eine Auditierung (Audit: englisch → unverhofft durchgeführte Überprüfung) statt. Nach der Überprüfung durch einen vereidigten Gutachter erfolgt die Standorteintragung. Neben wahrscheinlichen Kosteneinsparungen erzielt der zertifizierte Betrieb einen Image-Gewinn, kann das Prüfzeichen in der Werbung einsetzen und Vertrauen schaffen bei Kunden. Teilweise gilt das Öko-Audit sogar als Voraussetzung für eine Auftragsvergabe.

Ü 1 ■ Füllen Sie die nachfolgende Tabelle über Abfallverwertung durch Ankreuzen oder Textergänzungen aus, abgestimmt auf Ihren Wohnort, Ihren Ausbildungsort oder Ihren Schulstandort.

| Abfallstoffe, Wertstoffe | Entsorgungsart (ankreuzen) | | | | | | | | Entsorgungsart (Textergänzung) |
|---|---|---|---|---|---|---|---|---|---|
| | Papiercontainer | Metallcontainer | Glascontainer | Tankstelle/Kfz-Werkstatt | Fachhandel | Problemmüllsammlung | Schrotthandel | Mülltonne | |
| Akkus | | | | | | | | | |
| Altglas | | | | | | | | | |
| Altpapier | | | | | | | | | |
| Altfixierbad | | | | | | | | | |
| Aluminiumplatten | | | | | | | | | |
| Defekte Elektrogeräte | | | | | | | | | |
| Farbdosen mit Resten | | | | | | | | | |
| Filme | | | | | | | | | |
| Filmverpackungen | | | | | | | | | |
| Gebrauchte Papiertaschentücher | | | | | | | | | |
| Getränkedosen | | | | | | | | | |
| Haushaltsbatterien | | | | | | | | | |
| Kehricht | | | | | | | | | |
| Leuchtstoffröhren | | | | | | | | | |
| Leere Spraydosen | | | | | | | | | |
| Maschinenöl | | | | | | | | | |
| Montagefolien | | | | | | | | | |
| Problemstoffe aus Haushalt | | | | | | | | | |
| Schokoriegelverpackung | | | | | | | | | |
| Schrott- und Kleinmetallteile | | | | | | | | | |
| Verbrauchter Entwickler | | | | | | | | | |
| Verunreinigtes Papier | | | | | | | | | |
| Verunreinigte Putzlappen | | | | | | | | | |

Ü 2 ■ Recherchieren Sie im Internet auf den Seiten der Kommunen (entweder Standort des Ausbildungsbetriebs oder Standort der Berufsschule), welche Konzepte zur Abfallvermeidung, zum Recycling und zur Entsorgung angeboten werden.

Ü 3 ■ Ermitteln Sie, ob Ihr Ausbildungsbetrieb eine Standorteintragung nach der EU-Öko-Audit-Verordnung sowie eine Zertifizierung nach DIN ISO 14000 besitzt.

Ü 4 ■ Führen Sie auf, für welche Abfälle in Ihrem Ausbildungsbetrieb Übernahmescheine ausgefüllt werden müssen.

Ü 5 ■ Kennzeichnen Sie die richtigen Logos des Dualen Systems Deutschland.

Ü 6 ■ Versuchen Sie, anhand der beiden Fotos, den pH-Wert und den Silberanteil des Altfixierbads festzulegen. Das linke Teststäbchen ist unbenutzt, das untere Feld kennzeichnet den Silberanteil.

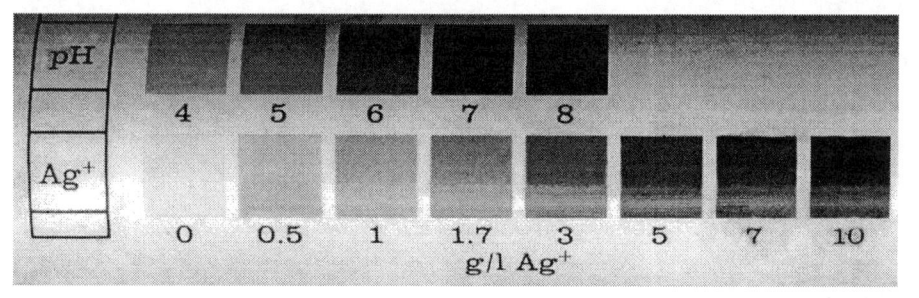

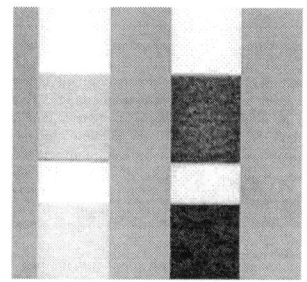

Ü 7 ■ Ergänzen Sie das Schema über Papierrecycling mit den Begriffen Papierverbrauch, De-inking, Altpapiersammlung, Druck.

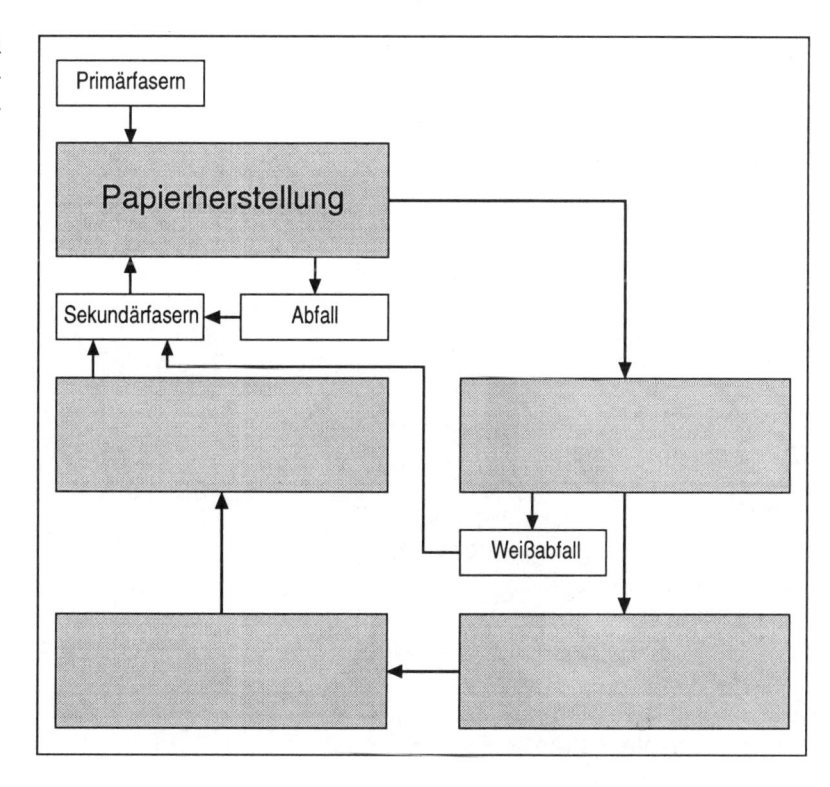

1. Welcher Leitspruch sollte oberste Priorität besitzen?
○ Müll verwerten
○ Müll entsorgen
○ Müll vermeiden

2. Aus welchen Gründen sollte auf Getränkedosen verzichtet werden?

............................................................................................................................................................

............................................................................................................................................................

............................................................................................................................................................

3. Kreuzen Sie die richtigen Aussagen an.
○ Das Duale System mit Grünem Punkt ist das überwiegend angewendete Berufsausbildungssystem in der Bundesrepublik Deutschland
○ Das Duale System ist verpflichtet, Verpackungen mit dem Grünen Punkt zurückzunehmen
○ Der Grüne Punkt ist nur gültig, wenn er auch grün gedruckt ist
○ Das Duale System ist eine Abteilung des Bundesumweltamtes

4. Was versteht man unter De-inking?

............................................................................................................................................................

............................................................................................................................................................

5. Für welche 3 Wertstoff-Arten sind in der Regel Sammelcontainer aufgestellt?

............................................................................................................................................................

6. Warum sollten Altfixierbad und verbrauchter Entwickler nicht zusammengeschüttet werden?

............................................................................................................................................................

............................................................................................................................................................

............................................................................................................................................................

7. Kreuzen Sie an, welche Stoffe und Gerätebestandteile recycelt werden können.
○ Tonerpatronen von Laserdruckern
○ Tonerpatronen von Fotokopiergeräten
○ Entwickler aus Entwicklungsmaschinen
○ Haushaltsbatterien

8. Welche Stoffe gehören auf eine Restmülldeponie?
○ Ausgediente Monitore
○ Abfälle aus Müllkraftwerken
○ Ausgedruckte Offsetdruckplatten
○ Druckfarbendosen mit Farbresten
○ Verunreinigtes Papier
○ Hauskehricht
○ Organische Abfälle aus Küche oder Garten, wenn keine Biotonne vorhanden ist
○ Verpackung von Schokoriegeln
○ Gebrauchte Papiertaschentücher
○ Mit Lösemittel getränkte Putzlappen